Erich Legler

Wort
das Freude schenkt

76 Predigtimpulse
zum Lesejahr A

D&D Medien

© 2007 D&D Medien GmbH
Gewerbestr. 5, D-88287 Grünkraut
www.ddmedien.com

Coverfoto: © Photodisc Inc.
Fotos Innenteil: © bei den abgebildeten Personen
Satz & Covergestaltung: D&D Medien
Printed in Germany

ISBN 978-3-932842-85-6

Inhalt

Der Jahreskreis

Vorwort

Seine Sprache findet der christliche Glaube in der Predigt. Sie ist die Einladung zu einem Vertrauen, das aus der Freude über Gott zur Freude am Leben anstiftet. Vertrauen wächst nur, wo es dafür Sprache gibt. Da weitet sich der Horizont, da wird freier und langer Atem geschenkt. Da findet aber auch Konzentration statt auf das, was hier und heute angesagt ist.

Wie das ein erfahrener Pfarrer theologisch versiert und sprachlich meisterhaft im Verlauf des Kirchenjahres zu Gehör bringt, das wird in dieser Predigtsammlung exemplarisch dokumentiert. Schon als junger Konviktor konnte ich über die Fülle der Einsichten und Gedanken in den Predigten meines damaligen Konviktsdirektors Erich Legler staunen. Und ich durfte die befreiende Wirkung der Wahrheit erfahren, also etwas begreifen von dem, was Jesus uns zugedacht hat, als er sagte: „Ich bin gekommen, damit sie das Leben haben und es in Fülle haben." (Joh 10,10)

+ Johannes Kreidler
Weihbischof

Der Weihnachtsfestkreis

1. ADVENTSSONNTAG
DIE ANKUNFT DES HERRN (Mt 24,37-44)

■ Die Zeit und darin alles Geschehen geschieht unter Gottes Auge. Alles hat seinen Sinn und sein Ziel. Der ganze Kosmos rast nicht in ein Nichts. Im letzten sind wir von Gott gehalten. Er bringt alles – auch auf unseren Umwegen und Irrwegen – dennoch zu seinem Ende, zur Wende, zur Vollendung.

■ Am Anfang, Jahrmillionen, ruft Gott ins Leben durch sein schöpferisches Wort: „Es werde!" Und die Bewegungen und Entwicklungen des Lebens beginnen. Dem Menschen wird das Leben als Lehen anvertraut: Bewirke, beherrsche, verantworte! Aber nur schwerlich kann der Mensch mit seiner zugestandenen Freiheit umgehen. In der Sintflut werden Menschen zu Opfern ihrer eigenen Freizügigkeit, Maßlosigkeit, Sünde. Und dann steht doch wieder der Regenbogen als Zeichen der Erbarmung, der Versöhnung und des Friedens Gottes über den Geretteten. Ein neuer Anfang wird trotz allem gewährt. Wie oft!

■ Der geschichtliche Advent: Gott lässt von seiner Sympathie und Liebe zu seinen Menschenkindern nicht ab. Er schließt neue Bündnisse und erneuert Verbindungen mit Abraham, mit Isaak, mit Jakob, mit Mose. Für den bleibenden und immerwährenden Bund jedoch steht Jesus. Mit dem adventus Domini, mit dem Kommen Jesu als Mensch wird die Wende eingeläutet. Aber unter welchen Opfern – bis zur Kreuzigung des Gottessohnes und -knechtes! Im Begehen der Adventstage sollte deshalb keine Verniedlichung und Domestizierung aufkommen, wenn wir dieses erschütternde Geschehen bedenken: Einer kommt herab, herunter, wird arm, einer entäußert sich und blutet sich aus, damit wir in ihm den Menschenbruder und Erlöser finden dürfen.

■ Der mystische Advent: Nicht genug: Der Advent Gottes geht weiter. Er geschieht immer, er geschieht heute im Mysterium, in der Menschwerdung, in der Vermenschlichung Jesu unter den Heilszeichen.

Im Wort, auch wenn noch so begrenzt und ärmlich, spricht sich uns Jesus zu – in der Botschaft der Rettung und Freude, dass Gott zu uns steht und unser nicht vergessen wird.

Im Mahl schenkt er uns sein Leben, dass wir den uns aufgetragenen Weg bestehen können und zum Zeichen, dass wir zum Hochzeitsmahl des Himmels berufen sind.

In die Gemeinschaft der Brüder und Schwestern kommt Gott in Jesus Christus und bewirkt die Gemeinschaft der Suchenden und Glaubenden. Und erst recht ist Advent des Herrn, wenn wir ihn im Notleidenden und Bedürftigen aufnehmen.

■ Der eschatologische Advent: So ist Gott im Kommen, fortwährend, manchmal sehr still, dann wieder deutlicher. Mitten durch die Zeit schreitet Gott, mitten in unserer Welt ist er da. Je mehr und bewusster wir ihn wahrnehmen und zulassen, desto mehr. Wo aber Gott ist, da muss das Böse, das Verderbte, das Unmenschliche und Widergöttliche zurückweichen. In dieser Auseinandersetzung sehen große Menschen den Sinn der Geschichte und jeglichen Geschehens. Gott wird sich sein Recht verschaffen und sein Reich ausbreiten – in Untergängen und Geburtsvorgängen, im Neuaufgang unter dem Jubel der Gerechten.

■ Jesus mahnt bestimmte adventliche Haltungen an. Wachsam sollen wir sein! Eine schläfrige Christenheit würde sonst die Christus-Ankunft im Hier und Heute versäumen. Wach sind wir dann, wenn wir die Zeichen von Christi Kommen hören, sehen, wahrnehmen – in unserem eigenen Leben und im Leben der Menschheit. Und bereit sollen wir sein! Um jederzeit dem Herrn die Türe zu uns zu öffnen und ihn hereinzulassen. Nicht in Romantik mit ein bisschen Tannengrün und im Lichterschein. Er muss uns berühren, betreffen, er muss uns umkehren und bereitmachen für den neuen Bund Gottes mit uns – zu neuer Gemeinschaft und glücklichmachender Kindschaft.

2. ADVENTSSONNTAG
DER PROPHETISCHE VERKÜNDER (Mt 3,1-12)

■ Der christlichen Ikonographie liegt eine genaue biblische Beschreibung von Johannes vor. Sie braucht nur ins Bild zu bringen, was vom Rufer, Wegbereiter, Täufer überliefert worden ist (vgl. Grünewalds Altar von Isenheim in Colmar).

■ Johannes ist eine asketische Gestalt, reduziert auf ein Weniges, auf das Lebensnotwendige, auf Fellkleid und karge Nahrung. Seine Persönlichkeit zeichnet das Andere aus: Er tritt auf (Mt 3,1), feststehend in sich, überzeugt von seiner Sendung. Er predigt und verkündet. Er tut es anmachend und radikal. Mit immer demselben Thema: Kehrt um und glaubt ans Evangelium! – Wenn wir unsere eigenen Wege gehen, führen sie uns oft genug ins Abseits, ins Unwesentliche, ins Nichtbleibende. Die Kehrtwendung auf den Weg Gottes erst – täglich neu zu vollziehen! – bringt uns auf den Weg des Guten, des Menschlichen, des Eigentlichen. Diese Kehrtwendung ist der Beginn des Christlichen, unseres Christseins. Dazu muss kommen das Glauben: Mitten unter uns ist schon da der Christus, der Verheißene und Gesalbte des Herrn, und mit ihm das Reich Gottes, die Herrschaft seiner Wahrheit und seiner Gerechtigkeit, seines Lebens und seines Friedens. Zwar noch klein und unscheinbar, aber wirklich und wirkmächtig. Das ist gesagt gegen unseren Kleinmut und gegen unseren Zweifel. Der daseiende Gott wirkt still und vermag selbst aus Steinen seine Kinder zu machen und Veränderungen zu schaffen, das ganz Andere heraufzurufen.

■ Das Auftreten des Johannes spricht sich herum. Menschen, neugierige und heilsbegierige, kommen zu ihm an den Jordan, in die judäische Wüste, dorthin, wo die Wasser des lebengebenden Flusses in das Tote Meer fließen.

■ Die Pharisäer und die Sadduzäer, die von der patriotischen Rechtspartei und Hüter des Gesetzes, und die von der vornehmen Priesterklasse, bekommen vom Bußprediger eine deutliche Abreibung. Die Zugehörigkeit zu Abraham tut's nicht. Ihre religiöse Sicherheit wird ihnen zum Gericht. Gefragt ist die ehrliche Umkehr und das Fruchtbringen aus gutem Geist. –

Ganz anders die einfachen Leute. Sie stellen sich dem Bekenntnis ihrer Sünden. Sie stehen dazu, dass sie die Weisung und das Gebot Gottes gebrochen haben. Dieses Eingeständnis (Beichte) tut zwar weh, aber damit beginnt Los-Sprechung und Vergebung.

■ Das Zeichen dafür, das erfahrbare und spürbare, ist die Taufe, die Johannes an den Menschen vollzieht. Der Schuldiggewordene und Sich-Bekehrende wird im Wasser des Jordan untergetaucht. Der alte Mensch, der Mensch der Schuld, stirbt. Der Schmutz eines Lebens (und wieviel hat sich davon oft angesammelt) wird abgewaschen. Die Schuld wird dem Wasser übergeben, dessen Flut schwemmt die Sünde fort. Johannes selbst versteht diese Taufe als Reinigungstaufe. – Gleichzeitig, und darin besteht mit seine Größe, weist er hin, weist er weiter, verweist er auf den, der nach ihm kommt. Der ist der eigentliche Täufer, der Befreier und Heiler, der bis in die Tiefen der Seele wirkt, der befreit und heilt die menschliche Schuld. An ihm gemessen ist Johannes der geringe Knecht, der nicht einmal wert ist, dem Heiland die Sandalen auszuziehen. Das Mehr seiner Taufe ist, dass der Christus, der Gesalbte und Gesandte des Herrn, mit Heiligem Geist und mit Feuer tauft (Mt 3,11b). Sein Wasser, als äußeres Zeichen, ist Gottes Wasser, in das der Mensch hineingetaucht wird. Gottes Wasser fließen über ihn, Gottes Wasser umfluten ihn, Gottes Wasser fließen in ihn hinein, erweckend und befruchtend. Der Getaufte ist Gottes und wird zu Gottes Eigentum und Kind. Und im Zeichen des erleuchtenden und erwärmenden Feuers werden ihm die Gaben Gottes geschenkt: Freude und Frieden, Heil und Leben und Liebe.

Schon jetzt geschieht solches, wenn ein Mensch sich jeden Tag neu dieser Christus-Taufe bewusst unterzieht – in neuer Entscheidung für den ihn Berufenden.

DIE FROHMACHENDE ANKÜNDIGUNG (Mt 11,2-11)

■ Johannes, der Hinweisende und Weiterweisende, sitzt in der Felsen-festung Machärus (östlich über dem Toten Meer gelegen) ein. Der Tyrann Herodes konnte es nicht hinnehmen, vom Täufer als Ehebrecher gebrand-markt zu werden. Die Haftbedingungen für den Gefangenen scheinen erträglich zu sein. Der König selber, so wird berichtet, besucht ihn, um mit Johannes zu sprechen; vermutlich plagt ihn sein schlechtes Gewissen. Auch Jünger des Täufers haben ab und zu Zugang zu ihrem Lehrer. Sie beauftragt Johannes, offensichtlich in einer existentiellen Not, Jesus zu fragen: „Bist du der, der kommen soll?" (Mt 11,3) Ist Johannes verunsichert; ist er ent-täuscht, weil er von Jesus eben nicht erfährt, dass er die Spreu vom Weizen trennt und verbrennt; oder stellt er die Christus-Frage, um herauszufor-dern, um es aus Jesu Mund selbst zu hören, wie er sich versteht? Habe ich mich, Johannes, mit meinem Zeugnis geirrt? Bist du wirklich der Größere, der Herr? Bist du das Lamm Gottes, das sich opfert? „Oder müssen wir auf einen anderen warten?" Das ist doch die Frage der Menschheit seit eh und je. Die Frage, die auch für uns zur Entscheidung wird.

■ Jesus antwortet den Johannes-Jüngern nicht mit vielen Worten. Er sagt, berichtet doch über das, was ihr selbst hört und seht. Und er zitiert den Propheten, was der über den kommenden Messias verkündet. Diese Aussagen müssen doch die depressiven Unsicherheiten und die dunklen Zweifel des Eingekerkerten – auch unsere eigenen – aufhellen! In Jesus erfüllt sich tatsächlich die Vorhersage: Die Blinden in ihrer Nacht kommen zum Licht; die Lahmen geraten in Bewegung; die ausgesetzten Aussätzigen werden gesund und dürfen wieder in der menschlichen Gemeinschaft ihren Platz haben; verschlossene und isolierte Menschen hören wieder und sind des Dialogs fähig; selbst Tote, geistig und leiblich Tote, werden erweckt und leben; und immer wird gerade Armen und Bedürftigen die Frohbotschaft ihrer Rettung zugesagt. – Was ist das doch für ein Geschehen! Und was für ein Konzept einer heilenden Pastoral für die Kirche, für uns alle zu jeder Zeit! Dieses Heilswerk Jesu fortzusetzen, sind wir berufen und gesandt. Zu nichts anderem, darf hinzugefügt werden! Sind wir dabei, wenigstens annähernd, dem Tun unseres Herrn zu entsprechen? Jesus spricht eine Seligpreisung aus für alle, die sich an ihm und an seinem göttlichen Auftrag nicht stoßen, nicht ärgern, daran nicht zerbrechen.

■ Ein Persönlichkeitsbild von Johannes gibt Jesus seinen Jüngern, als er mit ihnen allein ist. Der Wegbereiter, der letzte Prophet des zu Ende gehenden Ersten Bundes, ist kein Schilfrohr: Heute so, morgen anders. Für seine Überzeugung steht er gerade und stirbt dafür. Er gibt vor den Mächtigen nicht klein bei. Rufer Gottes ist er und mehr als dies: Bote, Ankündiger, Wegbereiter für den erwarteten Retter, für seinen Weg zu den Menschen, für die angebrochene neue Zeit, für den Äon Gottes. Deswegen preist Jesus den Täufer, nennt ihn einen Großen: Johannes der Große! Er hat den Ehrennamen verdient; viele andere in der Menschheitsgeschichte sicher nicht.

■ Und dann, wie zu unser aller Ermutigung: Der Kleinste im Himmelreich jedoch, den Gott zieht, begnadet, erhöht, ist größer als Johannes Baptist. Wir müssen uns nicht wundern, wenn es die Armen sind, die wissen, dass sie arm sind vor Gott; wenn es die Kinder und einfachen Menschen sind, die aus ihrem Wesen Lauterkeit und Vertrauen widerstrahlen; wenn es die begnadeten Sünder sind, die ganz und gar von Gottes Erbarmen leben.

4. ADVENTSSONNTAG
GOTTES WIRKEN IST WUNDERBAR (Mt 1,18-24)

■ Sagen der Antike erzählen die Geburt von Götterkindern aus amorösem, begehrlichem Treiben der Götter. Sie kommen zur Welt aus der Muschel des Meeres oder aus der Blüte der Lotosblume. Ausgemalte Geschichten sind's, verwunderlich wie eben das Geschehen selbst. Anders, nüchtern und feststellend: „Mit der Geburt Jesu Christi war es so …" (Mt 1,18).

Rund 80 Jahre danach überliefert der Evangelist Matthäus das Geglaubte aus der christlichen Gemeinde, ihr Bekenntnis, ihr Credo. Maria, die junge Frau, dem Josef angelobt und anvertraut. Nach strenger Sitte noch im elterlichen Haus lebend, sich bewahrend für den, der ihr Mann werden sollte. Kein Zusammenleben, keine Vorwegnahme des ehelichen Lebens; das wird eigens und ausdrücklich vermerkt. Dann zeigt es sich, und die Leute bemerken und sehen es: Maria ist schwanger, sie erwartet ein Kind. Das verändert das Leben des unbescholtenen und geachteten Mädchens. Auch wenn die Deutung des ungeheuerlichen Geschehens sich sofort anschließt: „Durch das Wirken des Heiligen Geistes" (Mt 1,18b). Das kommende Kind ist die Frucht aus der Liebe Gottes, Gottes wunderbare Schöpfung, gewirkt in seiner Gnade. Kirchenväter argumentieren: Der, der die ganze Welt durch sein kreatives Wort ins Dasein gerufen, der sollte im Schoß der Jungfrau Maria nicht Jesus gezeugt haben?

■ Aber so einfach und so selbstverständlich war das gar nicht, wie wir das oft genug naivlich hinnehmen. Der glaubende und gerechte Bräutigam Josef – sicher innerlich betroffen und auch enttäuscht – will mit Maria Schluss machen, in aller Stille, obwohl halb Nazareth schon davon weiß. Es braucht schon den Traum und dessen Deutung durch den Engel. Immer dort, wo wir Menschen sprachlos werden, sagt sich manches Unerklärbare zwischen Himmel und Erde zu – sei es aus den Tiefen unseres Unterbewussten, sei es durch bestimmte Konstellationen, die sich in unserem Leben einstellen, sei es durch ein menschliches Wort, das uns zugesprochen wird. Der Engel, Gottes Bote und Gottes Botschaft, überbringt. Und es ist unfasslich, was es da zu hören gibt. Dieses Kind, es wird ein Sohn, ist aus Gottes innerster Mitte und voll von Gottes Leben. Es soll den Namen Jesus bekommen. Josef gibt ihm diesen Namen! Denn Gott wird durch ihn der verlorenen Menschheit helfen (Jesus = Gott hilft) und die Menschen von ihren Sünden erlösen.

Für Josef wird es nicht leichter, als er diese Botschaft vernimmt. Traum – Schaum oder Gottes Zusage, die sich zu erfüllen beginnt? Der Prophet Jesaja mit seiner hohen Autorität soll dies bestätigen. „Seht, die Jungfrau wird ein Kind empfangen, sie wird einen Sohn gebären und sie wird ihm den Namen Immanuel (Gott mit uns) geben" (Jesaja 7,14, etwa um 730 v.

Chr. den Juden im Babylonischen Exil verheißen). Der Traum ist vorbei. Josef erwacht, wacht auf, ist hellwach. Der Glaubende und Gerechte tut, was ihm der Engel befohlen hat. Er wird zum Gehorsamen: Gott darf über ihn verfügen; er gibt sein und Marias Geschick – das ihnen Geschickte – in Gottes Hände.

■ Was mich dieses Wunder der Zeugung Jesu glauben lässt? Für mich ist die Zeugung eines jeden Kindes ein Wunder. Nicht nur ein biologisches-genetisches. Da ist doch immer Gott dabei mit seiner Zeugungs-Kraft, mit seiner Lebens-Gebung, mit seinem schöpferischen Wort: „Es werde!", der ursprünglich schenkende Anfang.

Die Zeugung dieses Kindes, Jesus, übersteigt das menschliche Geschehen von Mann und Frau, die Bedingtheit der menschlichen Mitwirkung. Jesus ist die göttliche Gabe aus Gnade, die sich verbindet mit dem demütigen Ja der Jungfrau-Mutter: Mir geschehe nach deinem Wort!

Ich glaube, dass Gott so vermag in seiner Größe und in seiner Liebe, weil Gott uns alle lieben will in diesem Kind.

WEIHNACHTEN – MITTERNACHTSMESSE
DAS KIND (Lk 2,1-14)

■ Im eisig-kalten Kriegswinter 1945 war's. Die Wege und Straßen zu, kaum ein Durchkommen. Soldaten auf Panzern und Mannschafts-fahrzeugen, die zum Einsatz an die Ostfront sollten. Und entgegenkom-mende Trecks von Flüchtenden, die auf Fuhrwerken mit ihren dürftigen Habseligkeiten nach Westen wollten, irgendwohin. Ein unbeschreibliches Chaos: Kinder, Frauen, alte Leute, die froren, die hungerten, die kaum mehr weiter konnten und geschundene, geschlagene Lanzer ohne Perspektive. – Mitten in diesem Jammer kommt eine junge Frau nieder. Auf einem überdeckten Leiterwagen bringt sie ihr Kind zur Welt, notdürftig versorgt, mit einem alten Teppich zugedeckt. Es spricht sich herum: Da ist ein Kind geboren! Wo? – Da! Menschen drängeln sich, wollen das

Neugeborene sehen. Ein neugeborenes Kind, wie ein Licht am Horizont, wie eine aufkommende Hoffnung! Das Kind!

■ Ist das nicht auch die Botschaft von Weihnachten? Nur viel mehr, nur noch unbegreiflicher und ergreifender. In einem Menschenkind wird der ferne Gott zum nahen Gott; wird der unsichtbare Gott zum erlebbaren, berührbaren Gott; wird der große Gott zum armen, leidenden Gott; wird der heilige Gott zum menschlichen Gott, der uns liebt und den wir lieben dürfen. – Dieses Kind hat einen Namen; es heißt: Immanuel, Joshua, Jesus: „Gott hilft, Gott rettet". Welche Zusage, welche Zukunft für uns! – Dieser Jesus von Nazareth, nach alter Überlieferung in Bethlehem, der alten Königsstadt des David geboren, ist das „Ja" Gottes zu uns Menschen, das er einmal gesprochen-versprochen, nie mehr zurücknehmen wird. Dieses „Ja" ist die Treue Gottes, seine Verlässlichkeit und seine Liebe, die er einlöst, die sich unser erbarmt, die uns versöhnt und uns zum Frieden bringt, die uns glauben lässt und wieder hoffen heißt.

■ Dieser Menschenbruder Jesus ist für uns da: Ihm liegt an uns, er kümmert sich um uns, er sorgt sich für uns, er kommt uns entgegen, er geht uns nach – suchend die Verlaufenen und Verlorenen, die Ausgegrenzten und Abgeschriebenen, die Schuldiggewordenen und Verstrickten – bis er finden und heimtragen darf zum wartenden und barmherzigen Vater-Gott. Und das Erschütternde und zugleich Erlösende: Für uns geht der Menschensohn in den Abgrund des Todes am Kreuz, damit wir wieder Grund finden können, den Lebensgrund, aus dem uns Erweckung und Rettung erwächst.

■ Wie begegnen wir diesem Kind, diesem Menschenbruder, diesem Menschensohn? Sentimental für ein paar Stunden, uns zurückerinnernd an die eigene Kindheit? Weihnachtlich traut im warmen Schein der Kerzen und im Kreis der Unsrigen? Wenn Weihnachten nur ein wenig länger anhalten würde und tiefer in uns hineinginge! Das Kind, das göttliche und so menschliche, lädt uns ein, bei ihm zu verweilen, ihm ganz nahe zu sein, bei ihm zu bleiben.

Wir brauchen vor ihm nicht stark zu sein. So wie wir geworden sind, dürfen wir zu ihm kommen – als seine Schwestern und Brüder, als mit dem Leben Versöhnte oder als vom Leben Geschundene, als Zufriedene oder als

Enttäuschte, als Zweifelnde oder als Fraglose. Vom Kind fällt Licht auf uns (die alten Meister wussten dieses Licht zu malen): Das Licht neuer Zuversicht, das uns dieses Kind geworden ist.

Wir brauchen vor ihm nicht unberührt, hygienisch rein zu sein. Wir dürfen zum Kind kommen auch mit dem Misslungenen in unserem Leben, mit unserem Versagen und unserer Schuld. Das Kind macht uns keine Vorhaltungen. Das Kind öffnet seine Arme, um uns trotz allem anzunehmen. Immer ist sein Herz liebevoll und gut, geduldig und uns barmherzig. Um eines nur bittet uns das Kind: Unser Herz aufzumachen, weit und bereit, dass wir das Kind annehmen und aufnehmen können. Dann geschieht Heil und Heilendes für unser Leben: Das göttliche Kind segnet uns – und aus dieser Nacht wird eine Nacht voller Wunder, die Weihe-Nacht, die Heilige Nacht, die Nacht Gottes, die uns Christi Ankunft schenkt.

WEIHNACHTEN – HOCHFEST DER GEBURT DES HERRN
WER JESUS AUFNIMMT (Joh 1,1-5.9-14)

■ Am Anfang war das schöpferische Wort Gottes. Dieses Wort, Gott selbst, ist das Leben und ruft ins Leben: „Es werde! – und es ward" (Gen 1,3) Gott ist Leben total. Er ist der innerste Lebenskern, der Urkern alles Lebendigen. Er stößt alle Bewegung an und bewegt alle Bewegung und ist doch ihr Halt. Gott ist der Beginn jeder Entwicklung im Kosmos, im Kleinen und im Großen. Diese läuft auf ein Ziel zu (Teleologie), trotz aller Zufälligkeiten und Möglichkeiten. Die Schöpfungs-Erzählung aus dem Alten Testament – es ist ein Hymnus, auf die Allmacht und Allweisheit Gottes, im Gottesdienst Israels gesungen – bringt dieses ungeheuere Geschehen über Jahrmillionen uns nahe in Bildern des Sechstagewerkes, ausgedrückt eben in Erkenntnissen und Erfahrungen der Menschen damals, anders als die heutige naturwissenschaftliche Forschung es weiß, die immer weiter in ungeahnte, schwindelerregende Dimensionen vorzustoßen versucht.

■ Dieses nicht zu fassende Leben, Gott selber, wird Fleisch, wird Mensch. Das ist die faszinierende und betroffenmachende Botschaft des ehrwürdigen Christus-Liedes (ein Kampf- und Bekenntnislied der urchristlichen Gemeinde), mit dem das Johannes-Evangelium beginnt. Gott kommt uns nahe, will unser Bruder und Retter sein in dem leibhaften Jesus von Nazareth. Ganz Licht ist dieses Menschenkind. Jesus trägt die Gesichtszüge Gottes, seine Stimme hat den Klang seiner Stimme, sein Herz ist die Barmherzigkeit und Liebe Gottes, begreifbar und erfahrbar. Jesus ist aufgetragen, die Dunkelheiten und Finsternisse unseres Daseins aufzuhellen, das Böse in uns und um uns zu vertreiben, uns von den Fesseln der Sünde und des Todes zu befreien. Die uns immer wieder anrührende und anheimelnde Weihnachtsgeschichte im Stall von Bethlehem wird zu einem kosmologischen Geschehen, zu einem alles verändernden Eingriff Gottes in die Geschichte unserer Welt und in unsere persönliche Geschichte: Christ, der Retter ist da!

■ Umso unbegreiflicher, dass die Welt – das Verdrehte, das Böse, das Gottwidrige in uns – dieses uns erleuchtende, erwärmende, uns liebendumfangende Licht aus Gott nicht annimmt. Der in sein Eigentum, in das Ihm-Gehörende, kommt, herabkommt, herunterkommt, wird vor die Tür gewiesen: Denn in der Herberge war kein Platz für den Neugeborenen (Lk 2,7). Der Versuch Gottes, uns nahe zu sein, scheint zu scheitern, von Anfang an. Sein Werben wird nicht verstanden. Sein Anerbieten findet nicht der Menschen Offenheit und Bereitschaft. Seine Liebe wird nicht angenommen oder nicht ernsthaft genug erwidert. Gottes Ankommen mitten unter uns und für uns geht ins Leere.

Darin liegt die Tragik, und damit beginnt die Tragödie, die sich durch unsere Lebensgeschichte und durch die gesamte Menschheitsgeschichte zieht. Der Tod Gottes, den Nietzsche und nach ihm nihilistische und atheistische Philosophen vermelden, scheint beschlossen zu sein. Der Aufstand des autonomen Menschen, ohne Bindung ans Transzendente und Göttliche auszukommen, ist im Gange. Die Botschaft der Engel vom Frieden auf Erden dauert nur kurz, hält nur für eine wunderliche und wunderbare Nacht an – für Hirten in ihrem Ausgesetztsein und in ihrer Armut, für Menschen unter Gottes Huld.

■ Wer sich den irdischen Wirklichkeiten redlich stellt, die Welt sieht und erfährt wie sie ist – die erkaltende Liebe unter Menschen, die zunehmende Bedrohung und Unsicherheit, die Verelendung und Unmenschlichkeit –, dem könnte der aufgesetzte romantisierende Weihnachtszauber wirklich vergehen. Wäre da nicht auch diese ermutigende Zusage: „Allen aber, die ihn aufnahmen, gab er Macht, Kinder Gottes zu werden, allen, die an seinen Namen glauben" (Joh 1,12-13). Er macht sie zu seinen Kindern, zu Gottes-Kindern.

So einfach – ohne die wundervolle Botschaft verkürzen zu wollen –, so ohne unsere eigene Verdienstlichkeit wirkt Gott offenbar sein Heil. So geschieht Gottes Heilen an unseren Grenzen und Vergeblichkeiten, an unseren inneren Verletzungen und Traumen, an unseren Wunden und Krankheiten. Wer Jesus aufnimmt, der hat den Heiland in sich, den Arzt, dem keiner stirbt, der darf Leben, die Fülle erfahren. Wer Jesus glaubt, sich ihm anvertraut, der ist angenommen, der ist geliebt, der ist geborgen – ganz tief daheim in einer haltenden Mitte. In dem ist das ewige Wort Gottes Mensch geworden, dass er selber Mensch werden kann, mehr Mensch, ein liebender und liebenswerter Mensch. Über dessen Leben ist segnend der Name „Jesus" geschrieben: Gott hilft, Gott heilt, Gott rettet!

FEST DER HEILIGEN FAMILIE
GOTT LIEBT EUCH – LIEBT WIE ER! (Kol 3,12-21)

■ Der Brief an die Kolosser (westliches Kleinasien) ist an die frühchristliche Gemeinde dort gerichtet. Paulus (in seiner römischen Gefangenschaft um 60 n.Chr.) oder ein Paulusschüler haben ihn geschrieben. Er warnt die Neubekehrten vor Irrlehren und erinnert sie an die Gaben, die sie durch Bekehrung und Taufe empfangen haben. – Der heute verkündete Abschnitt gehört zu den sog. „Haustafeln" mit Weisungen für das Zusammenleben in der Gemeinde.

Der Text beginnt mit dem Obersatz: Gott liebt euch! Ihr seid seine Kinder, seine Auserwählten, seine Heiligen, die in den heiligen Bereich

Gottes berufen sind. Wenn Gott aber euch so sehr lieb hat, dann müsst auch ihr einander lieben! Ihr dürft unter der Sonne Gottes leben, so gebt sie doch auch an andere weiter! Die Liebe ist euer Kleid, das Kleid der Getauften, das Kleid der Erlösten.

■ Das Kleid der Erlösten ist das Kleid der Erbarmung. Wie sehr haben wir alle Erbarmung nötig! Erbarmung kommt aus dem Herzen, aus jenem, das nachsichtig sein und mitleiden kann mit den Schwächen und mit der Schuld des Mitmenschen; das übersehen und vergessen kann, was Unrecht war oder was verletzt hat. Erbarmen ist eine wunderbare Gabe Gottes, die den anderen annehmen will, so wie er geworden ist, die ihn dennoch lieb hat.

■ Das Kleid der Erlösten ist das Kleid der Güte. Gütig zu sein, vermag nur der Mensch, der innen drinnen gut ist. Ohne Arglist und ohne Fehl. Zwar ist nur Gott allein gut. Aber ein wenig dürfen und sollen auch wir Gotteskinder von seiner Güte ein Abbild sein. Wenn wir in Gottes Nähe leben, haben wir die Kraft, unsere Herzensgüte jedem zu schenken, der sie zu seiner Heilung und Auferbauung braucht. Und wer bräuchte die nicht!

■ Das Kleid der Erlösten ist das Kleid der Demut. Demut ist Dienmut, jene Haltung, die klein sein und dienen kann. In der unscheinbaren täglichen Arbeit und in aufgetragener selbstverständlicher Verrichtung. Der Demütige weiß sich gering vor dem großen Gott. Immer begnadet, unverdient beschenkt, ganz und gar verwiesen auf ihn, von ihm gehalten und geführt.

■ Das Kleid der Erlösten ist das Kleid der Milde. Da ist nichts Hartes oder Grobes im Wesen eines solchen Menschen. Ein sanfter, edler, kultivierter Umgang mit bedachter Sprache, die Einfühlung und die Achtung vor des anderen Würde zeichnen ihn aus. Die Milde kommt aus dem Adel seiner Seele, ist die Vornehmheit des Gotteskindes.

■ Das Kleid der Erlösten ist das Kleid der Geduld. Die hohe Tugend der Geduld ist das Drunterbleiben. Der geduldige Mensch duldet die Situation durch, solange sie nicht zu ändern und soweit sie ihm aufgegeben ist. Er schüttelt auch keinen Menschen ab, der ihm aufgetragen ist in seinem Anderssein, in seinem Gewordensein, in seiner Krankheit und in seinem Altern, schon gar nicht in seiner Schuld. Dieser Mensch wird besonders die Leiden und Dunkelheiten Gottes durchzustehen versuchen, die ihm zugemutet werden. In der Geduld wird er seine Seele gewinnen (Röm 5,4 u.a.).

■ Ja, darum bekleidet euch mit dem neuen Gewand der Gotteskinder, mit dem Kleid der Gotteskindschaft, mit dem Kleid des erlösten Menschen! Alles, was ihr tut, geschehe im Namen Jesu, des Herrn!

SILVESTER – JAHRESABSCHLUSS ·
WER GLAUBT, DER BLEIBT (Jes 7,9)

■ Noch ein paar Stunden, dann gehen wir über die Schwelle des Jahres. Es ist eine recht willkürliche Zäsur. So verschieden ist der Altjahrabend mit dem Neujahrmorgen nicht. Und doch ist es eine Schwelle, die uns erinnert, ein wenig anzuhalten und innezuhalten: Sich selbst Rechenschaft zu geben, Gedanken zu ordnen, Sorgen zu bedenken, Dank zu sagen, Bitten auszusprechen, dem Geschehen auf den Grund zu kommen. So verschieden wir sind und unsere persönliche Situation dazu, so unterschiedlich wird die Besinnung sein. Zwei Fragen jedoch werden wir alle gemeinsam haben: Die Frage nach dem, was im vergehenden Jahr war, und die Frage, was im anbrechenden Jahr kommen wird.

■ Die Frage nach dem, was war. Ein Jahr mit wenig Wachstum, sagen die Wirtschaftler. Ein Jahr mit noch immer vielen Millionen Arbeitsloser, sagen die Arbeitsexperten. Ein Jahr mit Zweihunderttausend Straßenkindern in Deutschland. Mit hohen Ehescheidungszahlen (im Schnitt ist es jede dritte Ehe, die auseinandergeht); mit Kirchenaustritten und abnehmenden Christenzahlen. In der Welt ein Jahr der Brutalität und des Terrors; der Irak und Regionen in Afrika kommen nicht zur Ruhe und zur Befriedung. Immer wieder furchtbare Katastrophen und Unglücke. Es stellt sich die

Gottesfrage: Gott, warum? Gott, wieso? Eine Schöpfung, die in Geburtswehen liegt? Ein Zeichen, das unsere Gott-Verwiesenheit und – Abhängigkeit aufzeigt? – Aber dann doch auch das andere in unserem persönlichen Leben: Ein Gott, der fügt und führt, der auch heute noch seine Wunder tut – in Menschen, durch Heilige, um derentwillen Gott die Welt zu erneuern und zu bewahren sucht. – Wir haben dem zu danken, der uns im Leben hielt, der uns sein Wort gab zur Hoffnung, der unser gutes, tägliches Brot ist, der uns zusichert, dass wir seine geliebten Kinder und in seiner Sorge sind.

■ Die Frage nach dem, was kommen wird. Die Zukunft ist noch dunkel, sagen wir. Manchmal ist sie bedrohlich, voll von angstmachenden Gestalten. Vielleicht ist es gut so, dass wir noch nicht wissen, was uns begegnet und was uns zu tragen aufgetragen wird; es gibt die Gnade des Verhülltseins. Und es ist auch gut, dass dann nicht alles auf einmal über uns kommt, dass wir morgen nicht schon das Übermorgen bewältigen müssen. „Herr, gib mir nur heute deine Gnade, und die ist genug!" (Teresa v. Avila) Was also kommt? Gott ist es, der kommt. Er kommt durch die ganze Weltgeschichte hindurch und er kommt in unsere persönliche Geschichte mit ihrem Geschehen, in ihren Menschen und in der gegebenen Situation. Und alles ist nichts anderes als eine Heimsuchung und eine Heimholung Gottes – und das in seiner nicht in Frage zu stellenden Liebe. – Ein tröstliches und stärkendes Wort aus Jesaja 7,9 kann uns begleiten, will uns bestärken: „Wer glaubt, der bleibt!" – Glauben ist nichts anderes als Gott sein Herz geben (credo/cor dare), sein Leben geben, ihm sich selbst geben, übergeben, dran- und dreingeben, ohne Wenn und Aber, im wagenden „Da hast du mich, tu mit mir, was du willst!"

■ Dem Glaubenden ist verheißen: Dann wirst du bleiben. In allem Bedrohlichen und Erschreckenden, in allem Vergehenden und Vergänglichen, im Leben und im Sterben wirst du bleiben. Der Funke der Ewigkeit Gottes ist in dir: Und der wird brennen für immer, er wird dir zum Licht der Herrlichkeit Gottes werden. „Wer glaubt, der bleibt!"

■ Wir erbitten füreinander beim Hinübergehen ins kommende Jahr des Herrn, dass wir bleiben im Glauben, in der Hoffnung, in der Liebe, im Leben, im Gottes-Leben!

DAS GROSSE JA (Lk 2,16-21)

■ Ja hat Gott zu dieser Frau gesagt. Maria, ein Mensch wie wir, unsere Schwester, ist erwählt, ist berufen, die „Braut des Heiligen Geistes", die „Mutter Jesu" zu werden: „Du hast bei Gott Gnade gefunden ... Einen Sohn wirst du gebären ... Er wird groß sein und Sohn des Höchsten genannt werden" (Lk 1,30f). Maria ist für Gott das schöne, reine, offene Gefäß für seinen Sohn und für der Menschen Knecht, für Jesus, den Christus. Sie ist die gott-gewollte, die gott-gemäße, die gott-volle Frau unter allen Frauen – für diesen Auftrag, für diese Sendung, für diesen heiligen Dienst, Gottesträgerin, Gottesgebärerin, Gottesmutter zu werden.

Die biblische Sprache sagt es in ihrer Art, versucht, die Erwählung durch Gott und das Ankommen Gottes selbst im Mädchen aus Nazareth zu deuten. Gott naht sich der kleinen Magd; das ist Gnade, das ist der genahte Gott, und er beschenkt sie mit sich selbst. Der wunderbare Gott gibt sich zeugend und erschaffend hinein in das Leben Marias. Das ist das Wunder, das Unbegreifliche, das Gottes-Geschehen; er gibt ihr seine Liebe und sein Leben. Und das bedingungslose und und unbegrenzte Ja Gottes wird zu einem Menschenkind, zum Menschensohn Christus. – Vor diesem Mysterium können wir nur verehrend und anbetend niederknien. Wenn Gott so große Wunder tut!

■ Ja sagt Maria zu Gott. „Mir geschehe, wie du willst" ist die Antwort Marias auf den Anruf Gottes. Sie sagt Ja zu Gottes Weisung, trotz der Bedenken: „Wie soll das geschehen, da ich keinen Mann erkenne?" (Lk 1,34) Ihr Glaube ist ein nachgefragter, ein hinterfragter, will ein begründeter Glaube sein. Aber sie weiß auch: „Für Gott ist nichts unmöglich" (Lk 1,37) – und sie gibt sich unter Gottes Weisung: „Ich bin eine Magd des Herrn" (Lk 1,38). Ja heißt Marias Entscheidung, Ja ist ihre Antwort, Ja ihre Bereitschaft und Hingabe, Ja ihr Vertrauen auf die unerforschlichen Wege Gottes.

Maria wird zum lebendigen Ja der Heilsgeschichte, zur Wiedergutmachung von Evas Nein. Sie wird zur zweiten Menschheitsmutter, die durch das Wort ihres Gehorsams der Welt das Heil eröffnet, den neuen Anfang für sie unter der Sonne der Gerechtmachung und Rettung.

Sie wird zur Pforte, durch die Gottes Sohn zur Welt kommt, sie ist der gesegnete Schoß, aus dem geboren wird der Messias und Herr, der Erbarmer und Erlöser der ganzen Menschheit.

Marias Ja gilt bis unters Kreuz. Da bewährt es sich, da löst es sich ein. Deshalb wird sich ihr Ja erfüllen in seliger Auferstehung und Herrlichkeit bei Gott.

■ Unser Ja zu Gott und seinem Wort. Wie oft sagen wir es nur zögernd und halbherzig, wie oft unter Bedingungen und Absicherungen. Warum eigentlich? Ist Gott für uns der Willkür-Gott, der Fürchte-Gott, der Gnadenlose? Ist unser Glaube an den sorgenden und heilmachenden Gott so wenig gefestigt, dass wir uns immer noch Fluchtwege offen halten müssen, ihm zu entkommen? Dürfen wir uns auf den Vater nicht – wie Kinder – völlig verlassen und uns ihm getrost überlassen? – Sicher, er bleibt uns immer auch der Gott der Dunkelheit, der Gott der Zumutungen, der Gott des Unbegreifens. Immer aber dürfen wir wissen, dass er dadurch unseren Glauben anfragt und unser Vertrauen zu ihm festmachen will. Sollten wir da nicht unser Ja zu ihm, zu seinen Führungen und Fügungen wagen und uns in ihn, in seine Hände und in sein Herz hineingeben – wie Maria!

Ihr Ja, ihr Glaube, ihre Hingabe hat Maria groß gemacht – und glaubwürdig und verehrenswert. Sie ist zum Zeichen des Ja-sagenden-Menschen geworden. Ihre Bereitschaft, Mutter Jesu zu werden, hat das Marienlob im Lied und in der Kunst inspiriert und die Marienliebe vieler Verehrer begründet. Das ist biblisch und menschlich-verständlich dazu. Maria hat uns wirklich exemplarisch vorgelebt, wie wir leben müssten! Maria hat uns vorgeglaubt, wie wir zu glauben gerufen sind. Maria hat uns vorgeliebt, zu welchem Christus-Dienst auch wir ausersehen sind – zum Heil der Menschen und der ganzen Welt.

DER FRIEDENSBRINGER (Joh 14,27)

■ Über dem ersten Tag des Neuen Jahres steht – wie über einem offenen Tor, das in die Zukunft weist – der Name Jesus. In ihm sei's begonnen ... mit dem „Gott, der hilft". – Der Herr und Menschenbruder trägt aber nicht nur diesen einen Namen. Er trägt viele Namen, die Zusage und Aussage sind, wie er ist. Glaubende haben ihn so erfahren und Namen für ihn ins Wort gebracht: Immanuel – Gott mit uns, Heiland, Retter, Erlöser, Befreier, Menschensohn, Knecht, Bruder, Friedensfürst (Jes 9,5) und Friedensbringer: „Der Herr segne sein Volk mit Frieden", so steht's im Psalm 29,11. – Mit der Friedensbotschaft an die Hirten beginnt Jesu Leben: „Verherrlicht ist Gott in der Höhe und auf Erden ist Friede bei den Menschen seiner Gnade" (Lk 2,14). Mit dem Friedensgruss, mit dem Schalom, vollendet er sein Leben am Osterabend: „Friede sei mit euch!" (Joh 20,19) Jesu Leben ist ein Leben im Frieden, ist ein Leben für den Frieden, ist ganz und ausschließlich der Friede selbst, ist der persongewordene Friede Gottes. Der Friede ist ihm eigen, die Versöhntheit und Versöhnungsbereitschaft, die Klarheit und Lauterkeit, das Gerechtsein und Gerechtwerden, die reine Güte und Heilheit. In seinen unzähligen Begegnungen mit Menschen, mit Angeschlagenen und Armen, mit Sündern und Verlorenen schenkt er den Gottes-Frieden. Diesen hinterlässt er (was ist das doch für eine Hinterlassenschaft, was für ein Erbe!) seinen Jüngern in einem der Kernsätze des Abschiedsgebetes im Abendmahlsaal: „Frieden hinterlasse ich euch, meinen Frieden gebe ich euch; nicht einen Frieden, wie die Welt ihn gibt, gebe ich euch" (Joh 14,27).

■ Friede, das wissen wir alle aus schmerzlichen und dunklen Erfahrungen, ist menschlich nicht einfach machbar; nicht auf diplomatischer Ebene, nicht durch militärische Niederkämpfung des Krieges und des Terrors. Der Friede ist Geschenk Gottes, um den wir ohne Unterlass bitten müssen. Und der Friede muss mit offenen Händen und Herzen angenommen und erhalten werden. Darin liegt unser menschlicher Anteil am Frieden. Der Friede kostet viel, unseren ganzen Einsatz, oft auch das Leben (wenn wir da an Ghandi und an viele andere Friedensmärtyrer denken). Er beginnt immer da, wo ein Mensch in der Vergebung und in der Versöhntheit zu leben versucht, wenn ein Mensch zuerst für sich selbst die Heilung und Heiligung durch Christus sucht und annimmt. Denn nur wer mit sich selbst im Frieden lebt, kann auch mit anderen Frieden schaffen. Anders gesagt: Wer sich selbst nicht annehmen kann, wie sollte der den Nächsten annehmen können? Wer sich selbst hasst, der überträgt Bitterkeit, Verachtung, Neid und Missgunst nur allzuschnell auf andere. – Stets will der Friede buchstabiert und konkretisiert werden: F wie füreinander da sein; R wie Recht dem andern zugestehen (Gerechtigkeit ist ein anderes Wort für Frieden – so P. Paul VI.); I wie Ideen und Impulse für den Frieden einbringen, besonders im Bereich der eigenen Familiengemeinschaft; E wie Erbarmen/Gnade vor Recht gehen lassen; D wie die Dauer des Friedens erkämpfen und erleiden („Suche den Frieden und jage ihm nach!", dem Welt-Flüchtigen, der immer wieder vertrieben wird (Ps 34,15 / 1 Petr 3,11)); E wie Einheit unter Menschen, für Völker im Zusammenleben, in der Solidarität, die der Friede schenkt; N wie Nächstenliebe, die den anderen, den Andersdenkenden, den Andersrassigen, den Andersgläubigen achtet, akzeptiert und annimmt. Zu solchem Frieden, dem aus Gott und aus der Versöhnung Christi, sind wir berufen (1 Kor 7,15). Jedes von uns hat diese Friedensmission, ist dieser Friedensmissionar, ist Geschickter und Weiterschenkender in Sachen Frieden!

■ Zeichenhaft und sakramental-wirkend wird uns der Friede Christi (und damit der Friede Gottes) jedesmal in der Eucharistiefeier zuteil. In alten Liturgien wurde er schon nach dem Wortgottesdienst gegeben als Zustimmung der Gemeinde auf das gehörte Gotteswort und als Ermahnung (Mt 5,23): „Wenn dir … einfällt, dass dein Bruder etwas gegen dich hat, dann lass deine Gabe dort vor dem Altar liegen, geh und versöhn dich zuerst mit deinem Bruder, dann komm und opfere deine Gabe!" Der ursprüngliche Friedenskuss (osculum caritatis) wurde dann im Laufe der Liturgiegeschichte zur Paxtafel (osculatorium, in England, 12. Jh. entstanden), zur Friedensverbeugung vor dem andern (Armenien) und zur Friedensumarmung mit ihm, schließlich zum Friedensgruß mit der Hand (pangere-pax/die Hand geben): Ich nehme dich an, ich bin dir gut und mit dir verbunden. Noch bis zum Konzil (1962-65) küsste der Liturge vor dem Zuruf: „Der Friede des Herrn sei mit euch" den Altar, darauf hinweisend, dass von dieser Quelle, von Christus selbst, jeder Friede und alles Leben ausgehen. Heute ist der Friedensgruß mit seinem Gebet die unmittelbare Vorbereitung auf die Kommunion: Wer Christus in sich aufnimmt, der muss im Frieden sein mit Gott, mit seinem Nächsten und mit sich selbst. Wenn dem nicht so ist, dann will Christus, der Friede Gottes, ihm zur Vergebung und zur Versöhnung werden. – „Christus ist unser Friede" (Eph 2,14). Sein Name „Friedensfürst und Friedenbringer" sei gezeichnet über euch und über euer Haus – und werde euch zum Segen und zum Heil!

ERSCHEINUNG DES HERRN
HÄNG DEINEN KARREN AN EINEN STERN (Mt 2,1-12)

■ Ein Stern steht über dem heutigen Tag. Sterne haben die Menschen schon immer angesprochen. Unvergessen eine helle Sternennacht in der Wüste Sinai. Zum Greifen nahe waren die Himmelslichter mit ihrem Glitzern und Funkeln, wie ich es nie zuvor erlebt hatte. Früher haben sich die Menschen an den Sternen orientiert, haben an ihnen die Zeit abgelesen – am Polarstern, am Kreuz des Südens, am Morgenstern, der die aufkommende Dämmerung und den Morgen anzeigt. Manche Kulturen und Religionen verehrten die Sterne sogar als Erscheinungsbilder von Gottheiten: Hoch über dem Sternenzelt, da muss ein Gott walten. – Wir heute sprechen eher einmal von „Stars" und „Sternchen" in der Sportarena und im Show-Geschäft; meist leuchten sie nur kurz auf, um dann wieder zu versinken und vergessen zu werden.

■ Keine Frage: Auch über unserem Leben steht ein Stern. Er ist immer dann wahrzunehmen, wenn wir die Sehnsucht in uns aufkommen lassen. In „Sternstunden" will er uns etwas sagen. Als Leitstern weist er uns einen Weg, einen anderen, einen neuen. Wenn uns ein solches Licht aufgeht, dann heißt das jedesmal, dass wir neu aufbrechen sollten – dem Stern nach, der Sehnsucht nach, dem Heimweh nach! Ein persisches Sprichwort sagt: „Häng deinen Karren an einen Stern!" Mach dein Leben fest an einem Stern!

■ Drei Männer aus dem Orient, Sternkundige (auch Magier genannt) sehen einen Stern. Sie brechen auf und gehen auf die Suche, wohin er zeigt. Nichts hält sie vom Weg ab, keine Hindernisse, keine Bedenken, keine Mühen, keine Entbehrungen, weder Wüsten noch Paläste. Sie pilgern mit einer hohen Erwartung. Sie hängen ihren Karren an den „Königsstern", sie machen ihr Leben fest an einer bestimmten Sternenkonstellation (die nur alle 900 Jahre so sich zeigt) und auf den neugeborenen König hinweist. Und sie kommen an. Sie finden das Königskind, wenn auch ganz anders als in ihren Vorstellungen. Und sie werden gefunden. Das aber verändert ihr Leben. Das ist die Zäsur in ihrem Dasein. Sie gehen als andere einen anderen Weg wie bisher – als Gesegnete und Geliebte.

■ Was ist uns „Stern"? Was leitet uns und leitet uns an? An welchen Stern hängen wir unseren Karren, haben wir unser Leben festgemacht? Ist es der „Merkur", der viele bestimmt, der Gott des Handels, des Habens, des Wohlstandes, des Immer-noch-mehr? Ist es „Mars", der Macht- und Gewalt-, der Durchsetz-Gott, auf den sich die Leute verlassen? Oder ist es die amouröse „Venus", der heutzutage leichtfertig als Lustgöttin gefrönt wird?

„Häng deinen Karren an einen Stern!" Wer den Stern des neugeborenen Königs wählt, der ist ganz anders geführt. Der „Christus-Stern" weist vom Herrschen zum Dienen, von der Angst zum Vertrauen, von der Gewalt zum Frieden, vom Haben zum Sein, vom Tod zum Leben. Dahin sollen wir weitergehen, unbeirrt, glaubend. Auch wenn wir einmal den Stern aus den Augen verlieren sollten! Er wird sich wieder zeigen und uns dorthin führen, wo es das Mehr gibt, das Eigentliche, das Bleibende, das Erfüllende: Zum König Jesus Christus.

Dann dürfen auch wir staunend niederfallen und verehren und anbeten. Unser Leben hat seine Mitte, seinen Sinn, sein Ziel gefunden: Den Stern, mehr als diesen: Die Sonne Gottes, sein Licht, seine Herrlichkeit! Wir sind gefunden worden – nach unserer Pilgerschaft durch alle Mühen und Zweifel hindurch, gefunden worden als Gesegnete und Geliebte!

Das Fest des Sternes und der Sternsucher lädt uns ein, auf die Sehnsucht unseres Herzens zu hören, ihr zu trauen. Unsere Herzens-Sehnsucht will uns den rechten Weg zeigen und uns ermutigen, ihr nachzuziehen im Vertrauen auf den, der uns ruft.

2. SONNTAG DER WEIHNACHTSZEIT
DIE BOTSCHAFT WILL LANGE NACHWIRKEN (Joh 1,1-18)

■ Schon das drittemal in der Weihnachtszeit dieses Evangelium: Die Liturgie der Kirche wiederholt das Geheimnis der Menschwerdung Christi; sie kann es nie genug begreiflich machen, nie genug sagen. Sie spricht es den Hörern des Wortes Gottes zu im altchristlichen Hymnus, der die Erbärmlichkeit und die Herrlichkeit des Herrn bekennt. Denn in seinem schöpferischen Wort hat sich Gott geäußert und zugleich entäußert; in Jesus hat er sein Zelt unter den Menschen aufgeschlagen und ist doch vor die Tür gewiesen worden; in seinem Sohn ist er als Licht erschienen, aber die Finsternis hat es ausgelöscht. Das soll Weihnachten sein? Dennoch, trotz dieser Tragik, die Menschen für sich zu verantworten haben, bleibt das sieghafte Wort am Ende: „Wir haben seine Herrlichkeit gesehen."

■ Wir – sind das die Kinder? Aus einem Weihnachtsbrief einer Mutter: „Moritz und Manuel sind jeden Abend auf die Geschichte des Esels Amos gespannt, der Maria und Josef nach Bethlehem begleitet. Der Rollladen in ihrem Kinderzimmer muss oben bleiben, dass sie das Jesuskind vom Himmel kommen sehen und die Engel hören mit ihrem Singen und Klingen." Selige Kinderzeit, Zeit voller Überraschungen und Wunder: Der Weihnachtsbaum, die brennenden Kerzen, die Geschenke, das liebe Christkind in der Krippe, so als ob die Kinder um die Kraft seines Lebens, um die Weite seiner Erlösung, um seine unerschöpfliche Liebe wissen würden! „Wir haben seine Herrlichkeit gesehen."

■ Wir – sind das die Christen im kleinasiatischen Raum, denen das vierte Evangelium zuerst verkündet worden ist? Sind sie durch die zugesprochene Botschaft vom „fleischgewordenen Wort Gottes" berührt und erfasst worden, wie Jesus mit seinem mitfühlenden Herzen auf die Armen, auf die Kranken und Elenden zugegangen ist? Wie er in seiner wahrhaften Größe das Kleine geachtet hat, wie er in seiner göttlichen Barmherzigkeit gerade die Schuldiggewordenen liebte, wie er um uns Menschen gelitten hat, um uns von unseren Lasten zu befreien?

Sind die Christen von Korinth und Ephesus und anderswo von der Doxa Theou, von Gottes Ausstrahlung und Faszination in Jesus, die in seinem Leben immer durchgeleuchtet hat, überwältigt gewesen – vorab durch sein Verklärtsein und durch seine Auferstehung als Sieger über Sünde und Tod? Diese ihnen aufgegangene Glaubenserfahrung hat die urchristlichen Gemeinden sicher gestärkt, die ersten Verfolgungen um des Namens Jesu willen zu bestehen. „Wir haben seine Herrlichkeit gesehen."

■ Wir – sind auch wir gemeint? Wir, die wir Weihnachten gefeiert haben ohne große Erwartungen, ohne lang anhaltende Veränderungen? Der Alltag hat uns doch wieder. Was haben wir denn gesehen, was ist uns geblieben? Nur der Kehrricht des abgenadelten Baumes? Oder doch mehr? – Vielleicht doch wieder ganz neu ein Wort des Zuspruchs, eine hoffende Zuversicht, eine Ahnung wie die der Kinder: Welt war verloren, Christ ist geboren; freue dich, du Christenheit! – Was haben wir gesehen, was ist uns geblieben? Vielleicht die Liebe eines Menschen, durch die uns die Liebe Jesu entgegenkommt und sich uns schenken will! – Vielleicht auch eine Berührung in der festlichen oder schlichten Eucharistiefeier, die uns die Gewissheit brachte: Gekommen zu uns, heruntergekommen zu uns – unser Bruder, unser Erbarmer, unser Gott in menschgewordener Gestalt! Nicht vergessen, nicht abgeschrieben, nichts ist verloren, solange uns einer so liebhat – Jesus, unser Heiland und Retter! „Wir haben seine Herrlichkeit gesehen, die Herrlichkeit des einzigen Sohnes vom Vater, voll Gnade und Wahrheit."

■ Vergessen wir nicht, dass wir aus solch lichtem und frohmachendem Erleben auch wieder die Niederungen und Dunkelheiten auf einem oft schweren Weg bestehen können. Die Botschaft von Weihnachten will lange nachwirken!

GEBETSWOCHE FÜR DIE EINHEIT DER CHRISTEN
DIE EINE UND EINIGENDE TAUFE (Eph 4,1-6; Joh 17,9-11)

■ Wie steht es mit der Ökumene, wo steht sie? Vielen geht es zu langsam damit. Andere befürchten einen Stillstand. Die vor Jahren spürbare

Euphorie ist nicht mehr. Ein Kenner meint: Die Ökumene ist ganz sicher auf dem Weg, aber nur Schritt vor Schritt, mit Pausen, in Richtung „versöhnte Einheit in Verschiedenheit". Der Prozess brauche die Standortbestimmung durch den Dialog und den Disput in Lehrgesprächen (nicht alles ist eitles Theologengeplänkel): Die Wahrheit will gesucht und erlitten werden. Der Prozess brauche die Begegnungen und Beziehungen der Kirchenleitungen, der „Institution Kirche". Der Prozess brauche auch das Zueinander und Miteinander durch eine gelebte ökumenische Praxis in den Gemeinden, durch die „Bewegung von unten" – im besonnenen Handeln, in der Achtung voreinander (2 Tim 1,7), in großer Geduld (sie ist gezähmte Leidenschaft).

■ Von einer „Ökumene des Lebens" spricht Walter Kardinal Kasper. Sie sei der entscheidende Ansatz und die Begründung der Ökumene. Alle Christen seien hineingetauft in den einen Leib Christi, in die eine Kirche (Gal 3,28 / 1Kor 12,13 / Eph 4,4). Durch die gemeinsame Taufe, die wir gottlob gegenseitig anerkennen, sei schon jetzt eine fundamentale Einheit gegeben. Dass wir dennoch, noch immer, in der Trennung leben, ist deshalb ein Skandal, ein Ärgernis gegen den Willen Jesu, der in seinen Abschiedsreden eindeutig für die Einheit seiner Jünger und Glaubenden betet (Joh 17,21-23). Diese Schuld macht uns unglaubwürdig vor der Welt und lächerlich dazu. – Überwinden können wir diese Situation – bald 5oo Jahre und mehr dauert sie schon an –, wenn wir offener und bereiter werden für das Wirken des Pfingstgeistes (er tut's, nicht wir mit unserer kleinen Kraft), und eine entschiedenere Bindung an Christus in seiner Nachfolge vollziehen. Dann kommt unsere geschenkte Taufe zum Wachstum und zur Reifung, unser Sein, unser Daheim-Sein im Dreieinen Gott. Wenn aber orthodoxe und protestantische, wenn anglikanische und katholische Christen in Christus sind und in ihm leben, dann sind wir auch beieinander. Aus dem unheilvollen Gegeneinander wird dann immer wieder neu und intensiver das tolerierende Nebeneinander und endlich das geschwisterliche Miteinander werden. Dieser geistliche/spirituelle Vorgang sei das Herz der Ökumene, die innerste Antriebskraft zueinander hin und das zusammenhaltende Band der Liebe.

■ Davon ist der Christenheit in den letzten Jahrzehnten schon vieles geschenkt worden (nicht nur auf das schauen, was uns noch fehlt, auch einmal danken für das, was wir schon gemeinsam leben dürfen!), besonders auf der Ebene der Ortsgemeinden. Etwa für die gemeinsame Bibellese, die ökumenischen Wortgottesdienste, den Predigertausch, die gemeinsame Hilfe im Caritativen-Sozialen, im Geben und Nehmen hinüber und herüber (die Ökumene ist kein Verlustgeschäft!), in der Erwachsenenbildung und Altenarbeit u. a.. Wir sind dabei, wie es der Ökumenische Kirchentag in Berlin 2003 ausgesprochen hat, einander zum „Segen" zu werden mit den Gnadengaben, die wir empfangen dürfen (1 Petr 4,10). Das kleine „Senfkorn Hoffnung" lebt und wird zur Staude! – Dennoch ist die Ökumene augenblicklich an einer „Zwischenstation" (Walter Kasper), mit noch einigen sperrigen Stolpersteinen auf dem Weg. Da ist zu allererst die Frage der Eucharistiegemeinschaft, des gemeinsamen Abendmahles. Unser Papst und unsere Bischöfe bezeugen als „Wächter des Glaubens": Die Eucharistie ist Sakrament des Glaubens und Sakrament der Einheit. Da kommt zusammen, was schon zusammengehört. Dafür gebe es gute biblische Gründe (1 Kor 10,17) und eine lange gemeinsame Tradition (bis in die 70er Jahre des 20. Jahrhunderts). Allerdings ist die Eucharistie aber auch ein Zeichen der Sehnsucht für viele Menschen geworden, sofern sie an die Gegenwart Christi im Mahl glauben, ihn im Leben bezeugen und nach seiner Gemeinschaft verlangen. An ihnen soll die Kirche pastoral handeln (Ökumene-Dekret 10 und CIC can. 1752), weil das Heil der Seelen stets das oberste Gebot ist, auch im Kirchenrecht. Es ist deshalb unser aller ehrlicher Wunsch, dass das Abendmahl Christi niemals Abgrenzung und Ausgrenzung sein darf. Wenn Menschen, denken wir an die konfessionell-verschiedenen Ehepaare, die ausstehende Einheit der Kirche zur Not und zum Herzensanliegen geworden ist, dann wird die gemeinsam vollzogene Feier als Testament des einen Herrn zur Kirchengemeinschaft – in Hoffnung werden!

■ „Bittet also den Herrn der Ernte!" (Mt 9,37) Und ob das eine reife, überreife Ernte ist! Bitten wir mit vielen Christenmenschen, die den Dreieinen Gott anrufen und Jesus Christus als den Herrn und Erlöser bekennen: „Komm Heiliger Geist!" Führe zusammen, was zusammengehört; eine und mache eins, was noch zerstreut ist; bekehre uns (ecclesia semper reformanda); erneuere uns, dass es in einer Zeit des Umbruchs in der Welt zu einem Aufbruch in der gemeinsamen Kirche Jesu Christi kommen darf – den Menschen zum Heil, zur Rettung, zum Leben!

Gebet von Abbé Couturier

Herr Jesus Christus, du hast gebetet, dass alle eins seien.
Wir bitten dich um die Einheit der Christen, so wie du sie willst,
und auf die Art und Weise, wie du sie willst.
Dein Geist schenke uns,
den Schmerz der Trennung zu erleiden,
unsere Schuld zu erkennen
und über jede Hoffnung hinaus zu hoffen.

Der Osterfestkreis

■ Das Tor zu Ostern. Tage (ohne die Fastensonntage, die nie Fasttage waren) als Weg zum Fest unserer Erlösung und Auferstehung. Eine Einladung, unser Leben zu überdenken, unser Leben zu korrigieren, unser Leben neu zu orientieren – auf Christus Jesus hin. Dies mit dem Vorsatz: Ich setze mir etwas ganz Bestimmtes vor, ich nehme es mir vor. Möglichst konkret, überblicklich, durchführbar – lebbar.

In unserer Armut und Begrenzung werden wir vielleicht müde unterwegs. Dann gilt die Regel der „Echternacher Springprozession“: Drei Schritte vor, zwei Schritte zurück; ein Schritt ist dennoch gewonnen! Immer wieder aufstehen, neu beginnen, sich von der eigenen Schwäche, Wankelmütigkeit und Halbherzigkeit nicht einschüchtern lassen. Im Vertrauen auf Gottes Hilfe weitermachen!

■ Ein wesentliches Fasten spricht Jesus an in der Bergpredigt Mt 6,1-18. Es ist die heilige Trias, die es gilt, in unser Leben umzusetzen: Das Almosengeben, das Beten, das Fasten.

Das Almosengeben (griech.: milde, barmherzige Gabe aus Mitleid, geringes Entgelt). Wir sagen heute: Teilen; unser Leben teilen; teilen, was wir haben mit denen, die uns brauchen, die weniger haben als wir, die ohne unsere Hilfe nicht überleben können. Mutter Teresa von Kalkutta sagt: Wer liebt, der liebt, bis es weh tut. Unser Fastenopfer aus unserem Ersparten und aus unserem Verzicht in dieser Zeit: In der Solidarität und zur Hilfe der Armen.

Das Beten, weg vom Eingefahrenen und Formelhaften des Gebete-Hersagens. Beten ist die Äußerung unseres Glaubens zu und unserer Liebe für Gott. Beten ist, sich in den Raum des Göttlichen (be)geben. Beten ist stille werden, um Gott zu vernehmen. Beten ist, wenn wir unser Leben in Gott festmachen; den Anker werfen in Gottes guten Grund. Beten ist, in Gottes Nähe, die er uns schenkt, verweilen, in seiner Liebe geborgen sein. In dieser Zeit solches Gebet neu versuchen!

Das Fasten, nicht als Asketismus verstanden, wo es um das Gramm-Abwiegen geht. Aber um Übungen, um geistliches Training, sich zu versagen, was uns leiblich und geistig-seelisch schadet, und das uns zu gönnen, was uns zur eigenen Mitte, zu unseren Nächsten, uns zu Gott selber bringt. Das kann ein einfacherer Lebensstil sein (mit weniger lebt sich's besser und wesentlicher!). Das kann die Stille sein, die wir bewusst (auf)suchen, das Bibellesen, die Meditation, der Krankenbesuch, die Mithilfe in der Gemeinde. Das kann das Sich-Versagen, der Verzicht sein auf etwas, wo ich in Abhängigkeit und Gewohnheit geraten bin, frei werden von einer Sucht (kommt weniger von Suchen als von siech, also von kranksein). Fasten ist deshalb die Neuorientierung für mein Leben, eine neue Einstellung zum Leben, ein Wiederfinden meines eigentlichen Lebens.

■ Solches Fasten soll geschehen in der Freude, in der Vorfreude auf Ostern. Nicht als „Trauerweide", nicht als schlecht gelaunter Mensch, nicht als eitler Frömmler. Mit dem fröhlichen Gesicht eines „Erleichterten", eines Befreiten, eines Erlösten. Mit dem gesalbten Haupt eines Liebenden, der sich herrichtet für den „Liebhaber" Christus. Nein, die Leute brauchen es nicht zu merken, dass wir fasten. Es genügt, wenn der Vater im Himmel um uns weiß: Mein Kind ist dabei, sich herzurichten – mir zur Freude, mir zum Lobpreis.

1. FASTENSONNTAG
JESUS IN DER KRISE (Lk 4,1-13)

■ Die Wüste mit ihrer Bedrohung und ihrer Einsamkeit ist der Ort der Krise, des Angefochtenseins, der Erprobung, der Läuterung und Bewährung. Jesus stellt sich in seinem ganzen Menschsein den Grund-Versuchungen und den Grund-Entscheidungen des Menschen.

■ Die Versuchung des Brotes. Das sind die Bedürfnisse des Leibes, das Essen und das Trinken. Vehement verlangt unser Körper danach und sucht die Sättigung und die Befriedung. „Unser nötig Brot gib uns täglich!" Eine Zeitlang halten wir vielleicht den Mangel aus, aber dann treibt uns der Hunger und der Durst nach Nahrungs- und Flüssigkeitsaufnahme wieder an, diese zu suchen und diese sich zuzuführen. Mit dem Essen und Trinken geschieht jedoch noch mehr als Kalorien- und Energieaufnahme, als Sättigung und Stillung. Oft versucht der Mensch mit Essen und Trinken auch das auszugleichen, was er an Ärger und Enttäuschung, an Frust und Entzug ertragen muss. Dann kompensieren wir gerne das, was uns vorenthalten wurde und was uns fehlt – mit Naschen, Schlemmen, Genießen, Überfuttern (bis zur Abart der Bulimie, des Sich-Vollhauens und des Erbrechens).

Jesus weist diese elementare Versuchung von sich: „Der Mensch lebt nicht nur von Brot" (Mt 4,4). – Von was leben wir dann? Von den Gaben der Erde, ja! Und von den noch größeren Gaben Gottes: Von seinem Wort, in dem er sich uns zuspricht: Ich bin für dich da, du bist meine Tochter, du bist mein Sohn! Von seiner Sorge und Zuwendung, von seiner Nähe und Versöhnungsbereitschaft, von seiner Geduld mit uns und von seiner Liebe für uns. All diese Zuwendungen dürfen wir nehmen und annehmen, dürfen sie essen und leben daraus: Köstliches, nährendes Brot der Gnade Gottes!

■ Die Versuchung der Show. Das ist unsere Sucht nach Ansehen und Aufsehen, nach Sensationellem und Geltung. Gerne gebrauchen wir unsere Fähigkeiten, andere zu übertreffen, vor anderen bestens dazustehen, andere unter uns zu haben. Unser Image und unsere Position sind uns wichtig. Für unser Ankommen und unser Ansehen tun wir viel, selbst in der Frömmigkeit und im Glauben. Oft muss auch Gott noch herhalten, unser „Email" aufzupolieren. Die „Tempelzinne" kann dafür ein Zeichen sein. „Stürz dich da hinab!", und du hast die staunenden Leute gewiss zu deiner Fansgemeinde.

Jesus wehrt auch dieser Versuchung. Wir sollen Gott nicht testen, ihn nicht ausprobieren wollen. Das wäre ein schlimmes Spielchen mit ihm auf der Ebene einer Sensation. Wir haben über Gott nicht zu verfügen, auch nicht fromm: Wir glauben dir dann, wenn du deine Möglichkeiten einsetzt und so … Seine Hilfe – wann und wo und wie – ist allein seine Entscheidung. Es ist an ihm, seine Engel zu unserem Schutz zu senden, dass sie uns im Sturz auffangen und uns unter ihren Flügeln behüten und bergen.

■ **Die Versuchung der Macht.** Dieser Anfechtung des Bösen sind wir dauernd ausgesetzt. Gerne spielen wir uns auf und spielen uns aus. In uns steckt der Trieb, uns des anderen zu bemächtigen, gewalttätig oder subtil, offen oder versteckt-raffiniert. Machtspiele und Machtkriege finden in der Familie, im Betrieb, in der Weltpolitik, selbst in der Kirche statt. Und für Machtzuwachs und Machtausübung zahlen viele einen hohen Preis, auch den der Gottwidrigkeiten und Gottlosigkeit. Man geht über Leichen und übergeht Gott.

Jesus widersteht der Macht. Er hat die Ohnmacht gewählt und kam, zu dienen als Knecht, als der Letzte und Niedrigste aller. Das ist sein Beispiel, mit der Macht recht umzugehen und sie verantwortlich zu verwalten. Wenn der Mensch sich Gott zuwendet, sich ihm übereignet, hat er die größte Kraft und(Voll-)Macht: „Mit meinem Gott überspringe ich Mauern" (Ps 18,30). Jesus gültiges Leitbild ist: Niederzuknien vor Gott, ihm allein zu dienen und ihn anzubeten – den Menschen zum Frieden und Heil. – Dreimal hat Jesus unsere Versuchlichkeit durchgestanden und bestanden, um unseretwillen! Danach kamen Engel und dienten ihm.

2. FASTENSONNTAG
LICHT AUF DEM WEG (Mt 17,1-9)

■ Die Frage nach dem Gott, der Leiden und Tod zulassen kann, beunruhigt die Menschen seit eh und je. Einer sagte sogar, die dunkle Karte des Leidens sei der Trumpf, der gegen Gott sticht, das sei die Anklage, die ihn in Frage stellt. Warum musste selbst Jesus, der geliebte Sohn Gottes, in sein abgrundtiefes und erschreckendes Sterben hinein? Petrus – ein paar Verse vor dem heutigen Sonntagsevangelium überliefert – wehrt sich gegen die Leidensankündigung seines Meisters genau so wie wir: „Das soll Gott verhüten" (Mt 6,22b)! Aber Jesus hält an seinem aufgegebenen Weg fest: Ja, ich werde ausgeliefert, ich muss leiden, ich werde getötet werden. – Und er nimmt uns mit auf diesen Zerbruchsweg: „Wer mein Jünger sein will, der vergesse sich selbst, nehme sein Kreuz auf sich und folge mir nach!" (Mt 6,24) Schockierend, wenn dies das Merkmal für Jesus und ebenso für seine Jünger sein soll! Wir wollten, dieses Wort wäre nie gesprochen worden. Aber wir müssen die Aussagen des Herrn stehen lassen – auch wenn sie für uns Ärgernis und Anfechtung sind.

■ Die Verkündigung von der Verklärung Christi will auf unsere Glaubensnot mit unserem Gott eine Antwort sein und eine Ermutigung für ein jedes, das in der Dunkelheit seines Lebens unter Gott leidet. Für einen Augenblick nämlich dürfen Petrus, Jakobus und Johannes, dieselben Jünger übrigens, welche auch in die Todesangst Christi am Ölberg mitgenommen werden, etwas vom Licht, vom Glanz, von der Herrlichkeit Gottes erfahren, die in Christus aufscheint. Sie überliefern uns davon in einem Bilderkanon, in Deutebildern, ähnlich der alttestamentlichen Gottes-Begegnung eines Mose (vgl. Ex 20). Da ist der Berg als Thron des Allmächtigen, auch als Hinweis auf den Berg der Leiden, Golgotha, zu dem Jesus hinaufgeht, und auch als Berg des Herrn, auf den wir in der Endzeit geführt werden zu unserer Vollendung. – Von Jesus heißt es, dass er die Herrlichkeit Gottes widerstrahle, leuchtend im Gesicht und weiß in seinen Kleidern – Ostern sein Friedens-Königtum bereits andeutend. Und da ist auch wieder, wie beim Taufgeschehen, Gottes Bestätigung und Autorisierung für seinen Sohn: Dieser und niemand sonst ist der Retter der ganzen Welt! Da, in diesem göttlichen Geschehen und in diesem göttlichen Bereich sind wir dabei und werden wir einmal für immer daheim sein dürfen.

■ Die Botschaft für uns in unserer oft leidvollen Situation heißt demnach: Leiden und Sterben, die unter dem Symbol der Nacht stehen, sind nicht die ganze Wirklichkeit unseres Daseins. Damit endet nicht unser Leben, sonst wäre es eine einzige Tragik, ein Nonsens, letztlich Sinnlosigkeit. Uns ist das Leben verheißen, in das hinein wir geschaffen worden und in das hinein wir gehen dürfen, in die Fülle des Lebens. Das Grau und Dunkle unseres Alltags, sie sollen uns nicht zudecken, nicht resignieren lassen. Sie gehen vorüber, der Aufgang der Sonne deutet sich schon an, das Licht wird alle Finsternis besiegen. Konkret: Enttäuschendes, und wer hätte solches nicht schon erfahren müssen, darf uns nicht bitter machen; es weist uns auf den hin, der nicht enttäuschen kann. Krankheit, und wie ist sie oft schwer, soll uns nicht zerbrechen; sie will uns zum Schlüssel werden, der wichtige Türen aufschließt. Das Leid mit seinen Abschieden und Tränen, kündigt bereits Neues an, darauf wir hoffen dürfen. Eine augenblicklich schlimme und aus-weglos-erscheinende Situation hat bereits die Zuversicht auf ein besseres Morgen in sich. Kreuz und Tod sind nicht Schlusspunkt, sondern der Doppelpunkt, hinter dem erst das Entscheidende kommt: Unsere Auferweckung und der Anbruch einer unvorstellbaren Zukunft für uns. Deshalb schreibt Paulus im Brief an die römische Gemeinde (8,18): „Ich bin überzeugt, dass die Leiden der gegenwärtigen Zeit nichts bedeuten im Vergleich zu der Herrlichkeit, die an uns offenbar werden soll." Gottes Licht leuchtet auf über unserem Weg, immer wieder. Tabor-Erfahrungen und -Erlebnisse sind uns geschenkt, uns zu bestärken und gewiss zu machen, dass wir in den Zumutungen der Jesus-Nachfolge nicht verzagen und aufgeben: Wirklich, es geht der Herrlichkeit Gottes entgegen!

3. FASTENSONNTAG
HERR, GIB MIR DOCH DIESES WASSER (Joh 4,5-42)

■ Gott besucht uns. Jesus wandert über's Land. Er sucht Menschen zu begegnen. Für sie ist er da. Ihnen will er zum Sinn und zum Leben werden. Um die sechste Stunde, zur Mittagszeit, kommt er an den alten Jakobsbrunnen bei Sichem/Samarien. Seine Jünger sind zum nahen Ort unterwegs, um Lebensmittel zu besorgen. Und Jesus – er spricht eine Frau an, die aus der Zisterne Wasser schöpft und bittet sie um einen Schluck Wasser. Die Frau ist erstaunt. Das ist doch unüblich und unmöglich: Ein Mann, ein Jude spricht mich, die Frau und Samariterin, an! Aber Jesus ist völlig unbefangen, natürlich, menschlich. Er kümmert sich weder um Vorbehalte noch um Vorurteile. So gewinnt das Gespräch an Tiefe. Die bei-den sinnieren über das Wasser, das den leiblichen Durst zu stillen vermag und kommen zum Wasser, das lebendig macht. Jesus redet vom leiblichen

Bedürfnis und vom seelischen Bedürfen, von der Ursehnsucht des Menschen nach Leben die Fülle. Die Samariterin erspürt: Das ist für mich gesagt. Genau nach diesem Wasser dürste ich: Herr, gib mir doch dieses Wasser!

■ Gott berührt uns. Jesus sieht auf den Grund des Wassers, er sieht auf den Seelengrund der Frau: Auf ihr Grundbedürfnis nach Verstandenwerden, nach Geliebtwerden, nach Geborgenheit. Sie hat sich in ihren Sehnsüchten verrannt; sie weiß es. Die gehabten sechs Männer konnten ihren Durst nach einem gelingenden Leben, nach einem befriedeten Leben nicht stillen. Jesus, gib mir doch von deinem Wasser! Und Jesus erkennt, versteht, weiß um die Lebensnot dieses Menschen. Er nimmt die heillose Vergangenheit der Samariterin unter den Mantel der Vergebung Gottes. Sie darf Befreiung und Erlösung erfahren. „Wahr hast du geredet. In Wirklichkeit hattest du keinen Mann", sagt Jesus. Keinen, der dich so geliebt hat, wie dein Herz es sich ersehnte und wie es deiner Würde entspricht. Die Frau ist in den Tiefen-Wassern ihrer Seele angesprochen und angerührt und aufgewühlt. Wie dankt sie dafür Jesus, dankt ihm für seine Behutsamkeit, für seine Güte. Er ist der siebte Mann, dem sie begegnet, der so ganz anders ist als die anderen! Sie bekennt: „Du bist ein Prophet!" Du bist mir gesandt von Gott, um mein Leben zu verändern und zu befreien – in eine neue Weite hinein, in die Freiheit der Gotteskinder!

■ Gott beschenkt uns. Damit ist das Thema „Gott" angesprochen. Eigentlich ist die Samariterin nie von ihm losgekommen. Trotz allem nicht. Im belasteten Gewissen redet man nur nicht mehr von ihm. Aber tief drinnen ahnen und bewahren wir: Er ist unsere große Sehnsucht, unser unstillbares Heimweh, unsere letzte Zuflucht. Er, wer denn sonst in unseren Enttäuschungen mit Menschen! – Wo soll denn dieser Gott angebetet werden, fragt die Frau: Auf dem Berg Garizim, unweit von hier, oder auf dem Berg Zion in Jerusalem? Jesus macht Gottes Wirklichkeit und Anwesenheit nicht an einem Ort fest. Gott ist überall. Wer immer ihn im Geist und in der Wahrheit sucht und ihm von Herzen begegnen will, der ist auf dem Weg zu ihm, den hört er, der darf ihn finden. Ja, das ist der Samariterin Wunsch, dass ihr Herumirren zum liebenden Du finden darf, dass ihre Ruhelosigkeit zum Ruhen kommt, dass ihre Sehnsucht sich erfüllt.

Als die Jünger von ihrer Besorgung zurückkommen, ist das Gespräch zwischen Jesus und der Frau zu Ende gekommen. Aber es endet in der Erkenntnis und im Bekenntnis der Samariterin: „Herr, du bist der Messias!" Du bist der, der den Menschen das verkündet, was ihnen zum Heil ist, der sie zu dem hinführt, was ihr Leben hell und heil macht. Das glaubt sie. Und Jesus offenbart sich ihr, vertraut sich ihr an: „Ja, ich bin's." Sie ist ihm, dem Retter der Menschen, dem Menschenfreund Gottes wirklich begegnet!

Das muss sie weitersagen, den Leuten in ihrem Ort. Auch sie müssen ihm, dem Propheten und Messias, begegnen. Auch sie sollen erfahren, wie sie zum Leben kommen können, zum Leben in der Fülle und im Glück!

4. FASTENSONNTAG
WER GLAUBT, SIEHT WEITER (Joh 9,1.6-9.13-17.34-38)

■ Jesus sieht einen Mann, der blind ist seit seiner Geburt. Er lebt in der Nacht, im hilflosen Elend. Noch nie hat er das Licht der Sonne erblickt, noch nie die farbenfrohe Schöpfung geschaut, noch nie seine Mitmenschen gesehen. Sein Dasein fristet er durch Betteln. Die Leute kennen ihn, er gehört schon lange zum Ortsbild. Ab und an gibt ihm einer der Vorbeikommenden ein karges Almosen. Jesus gibt ihm mehr. Mit einem Blick, mit den Augen des Herzens, nimmt ihn Jesus wahr, erkennt, welche notvolle Situation er zu tragen, zu ertragen hat. Er geht auf ihn zu und bestreicht – ohne dass er darum gebeten wird – seine Augen mit einem Brei aus Erde und Speichel, mit einem für uns ungewöhnlichen sakramentalen Zeichen: Effata, tu dich auf (nach Mk 7,34)! Und nach der aufgetragenen Waschung im nahegelegenen Teich sieht der Mann. Damit endet eigentlich das wunderbare Eingreifen Jesu in das lange und traurige Schicksal eines Menschen, wenn sich daran anschließend nicht ein Disput und eine Distanzierung entfacht hätte. Die Nachbarn des ehemals Blinden sind unsicher, ob es sich überhaupt um den gleichen Mann handelt, den sie kennen; sie tun wenigstens so. Die Pharisäer stellen ihn in die sündige Ecke, weil seine Heilung am Sabbat erfolgte und er zudem den Heilenden verteidigt als „Prophet". Deshalb stoßen ihn die Gesetzeshüter hinaus aus der Glaubensgemeinschaft. Nur Jesus fängt ihn auf, er allein wendet sich ihm zu: „Glaubst du an den Menschensohn?"

■ Jesus heilt nicht-sehende Augen. Er will, dass Menschen zum Schauen kommen, dass sie erkennen und wahrnehmen, dass sie im Licht sind. Was ist das doch ein anderes Leben! Das vollere, das heilere, das frohe und glücklichmachende, das der Wunder voll ist! Und er will, dass wir nicht nur mit den leiblichen Augen die Farben und Formen, die Wunder der Erde, ihre Pflanzen und Blumen, ihre Landschaften und Gewässer, ihre Tiere und den Menschen in uns aufnehmen. Jesus ist als Licht der Welt (Joh 8,12) zu uns gekommen, um die zu erleuchten, die in Finsternis und Todesschatten sitzen, die keinen Horizont, die keinen Ausweg, die keine Rettung sehen. Er ist besonders für die da, die deshalb verzagt und verzweifelt, die in Angst und in Sinnlosigkeit sind. Unsere inneren Augen, die Augen unseres Herzens und die Augen unserer Seele, sollen in allem und durch alles hindurch den entdecken, welcher der Schöpfer und Geber aller Schönheiten und Herrlichkeiten und Mächtigkeiten ist. Auch und gerade in den Fügungen und Führungen unseres persönlichen Lebens, wo Gottes Hand erkennbar und Gottes Nähe erfahrbar werden. Dafür, den Menschen zu heilen und zu retten, setzt sich Jesus ein und setzt er sich aus: Das Menschliche dem Menschen zu ermöglichen, auch am Sabbat und gegen dessen gesetzliche Absicherungen. Gottesverehrung und Menschenheil sind für den Herrn keine Gegensätze; sie gehören zusammen und sind eins, weil der Mensch Gottes liebstes Kind ist.

■ Jesus will auch unsere Augen berühren. Denn wie oft sind wir grau-sichtig, sehen zu wenig oder sehen verschwommen wie durch einen Schleier hindurch. Dann ist die Welt ohne Farben nur noch pessimistisch trist und traurig. Das aber steht einem Jünger Jesu schlecht an. Wir müssten doch erlöster und fröhlicher sein (nach Nietzsche)!, vertrauend auf Gottes Verheißungen und im Glauben, dass er alles trotz allem gut machen wird. Manchmal leiden wir auch an Kurzsichtigkeit. Wir sehen etwa gerade noch die eigene Kirchturmspitze, sehen aber nicht mehr darüber hinaus; klagen über Auswanderungen in der Ortsgemeinde, übersehen jedoch verheißungsvolle Neuaufbrüche in der Weltkirche. Und wie blind sind wir auch in den eigenen vier Wänden. Nicht nur, dass wir den andern – und oft ist es der Allernächste! – übersehen oder ihn nur oberflächlich und falsch sehen und ihm damit einfach nicht gerecht werden. Mit blinden Flecken im Auge nehmen wir im Gewohnten und Gewöhnlichen das Gute und Göttliche untereinander nicht mehr wahr, nicht mehr Gottes Wirken in uns. „Herr, so mach uns doch sehend!" (nach Lk 18,41) – dich, die andern, mich in deinem Licht!

5. FASTENSONNTAG
EIN HAUCH VON OSTERN (Joh 11,3-7.17.20-27.30-45)

■ Die Sorge der beiden Schwestern Maria und Marta ist begründet. Ihr Bruder Lazarus ist schwerkrank. Dies lassen sie Jesus, der ein Freund ihres Hauses ist, wissen. Wenn einer noch helfen kann, dann ist es der Herr, der dem Blinden das Augenlicht wieder schenkt, der Aussätzige heilt, der den Gelähmten auf die Füße bringt. Jesus, des' sind sie sich sicher, wird sich um den Darniederliegenden sorgen und kümmern. Aber Jesus lässt auf sich warten. Diese Krankheit, bemerkt er fast verharmlosend, führe nicht zum Tod. Offensichtlich ist der Tod für ihn nicht das aussichtslose Ende. Er hat der Verherrlichung Gottes zu dienen, denn gerade im Tod wird er seine Macht erweisen. Ein verschlüsseltes Wort, das nicht leicht zu deuten ist – gegen unsere Erfahrung! – Aber Lazarus stirbt. Gott lässt das Erschütternde und Bedrückende geschehen. Über die Schwestern kommt großer Kummer. Gott kann zumuten! Dennoch: der Tod ist kein Argument gegen seine Liebe. Was der Fügende und Verfügende vorhat, eröffnet sich nach vier Tagen (oft auch nach Jahren erst oder in der Ewigkeit). Wir denken unsere Gedanken, und Gott denkt anders. Er riskiert den Tod, um über den scheinbaren Sieger zu triumphieren. Das zu glauben, fordert unseren Glauben heraus.

■ Das Glaubensgespräch mit Marta, das sich jetzt anschließt, gehört wohl zu den ergreifendsten im Evangelium. Als sie hört, Jesus sei endlich auf dem Weg nach Betanien, geht sie ihm entgegen. Sie spricht ihre Betroffenheit aus, bedauernd, vorwurfsvoll: „Wärst du hiergewesen, dann wäre mein Bruder nicht gestorben." Fügt jedoch gleich hinzu: „Aber auch jetzt weiß ich: Alles, worum du Gott bittest, wird Gott dir geben." Die trauernde Frau hofft wider alle Hoffnung, dass doch noch ein Wunder geschehen könnte. Wir kennen dies: Das kann doch nicht wahr sein! Die Liebe tritt verzweifelt und mutig zugleich gegen den Tod, gegen Abschied und Verlust an. Jesus verstärkt in Marta den Funken Zuversicht: „Dein Bruder wird auferstehen am Letzten Tag!" Aber der ist weit weg, ein lang auf sich warten lassender Trost! Aber dann doch ihr Bekenntnis aus tiefem Glauben: Daran halte ich fest. Sonst wäre unser ganzes Leben eine Vergeblichkeit, ein Umsonst, eine Sinnlosigkeit! Wir müssen zwar den Weg alles Irdischen gehen: Zum Sterben, zum Grab, zum Vergehen. Dann aber kommt das Neue, das ganz Andere: Die Neuschöpfung und Neuwerdung, das Leben in Gott. „Wer an mich glaubt", so Jesus, „den werde ich da hineinführen. Glaubst du das?", Marta, und glaubt ihr das, ihr Menschen? Wollt ihr euch, könnt ihr euch mit dieser anderen Möglichkeit und Wirklichkeit einlassen? Euer Herz weist euch doch diesen Weg vom Vorläufigen ins Endgültige, vom Unvollendeten ins Vollendete, vom Irdischen ins Göttliche. Marta glaubt: „Jesus, du bist der Messias, der Sohn Gottes!" Du bist die Liebe Gottes, diese unwiderstehliche Kraft, selbst den Tod zu überwinden!

■ Und Jesus, erweist sich als der siegreiche Aufstand gegen den Tod. Er trauert zwar mit den Trauernden, er weint mit den Weinenden (so sehr hängt er an seinem Freund Lazarus und so sehr ist er erschüttert über die Gebrochenheit des Lebens), aber dann durchbricht er die Friedhofsordnung dieser Welt: „Nehmt den Stein weg!", den verschließenden Stein der Verwesung und des Todes! Und in der betenden Übereinstimmung mit Gott ruft er laut: „Lazarus, komm heraus!" Komm heraus aus deiner Gebundenheit und Todverfallenheit! Und dann lasst ihn von hier weggehen, vom Ort der Vergänglichkeit und der Verwesung! – Das Wort Jesu hat den Toten auferweckt wie einen Schlafenden. In ihm ist die Kraft der Zukunft wirksam, die Kraft Gottes: Wo Jesus geglaubt wird, ist Ostern bereits angebrochen. Er ist der Todesüberwinder, und das Leben obsiegt! Selbst der Tod noch wird zur Verherrlichung Gottes und seines Sohnes! – „Komm heraus!" Dieses Auferstehungswort will auch uns erreichen. Denn Gott hat vor, auch unsere Gräber zu öffnen, wann immer wir seine Stimme hören!

VON DER PROZESSION ZUR PASSION (Mt 21,1-11)

■ Es sah alles so anders aus. So vielversprechend. Jesus kommt mit seiner Jüngerschar, vermutlich von der Wüste her, über Bétfage und den Ölberg in die heilige Stadt Jerusalem.

Mit großer Begeisterung begleiten ihn viele Menschen. Im alten Königszeremoniell (2 Kön 9,13) breiten sie ihre Kleider aus auf dem Weg. Mit Palmzweigen und dem liturgischen Messiasruf begrüßen sie Jesus: „Hosanna dem Sohn Davids! Gesegnet sei er, der kommt im Namen des Herrn. Hosanna in der Höhe!" (Mt 21,9, vgl. auch Psalm 46) Und aus dem Gruß wird der laute Ruf: Heil dir, hilf uns und rette uns! Die Menschen sehnen sich nach Befreiung vom Römerjoch. Es muss doch endlich die Zeit der Freiheit und des Friedens anbrechen! Unsere ganze Hoffnung ist der, der Kranke heilt, den Sündern vergibt, den Armen Heil zuspricht. Der wird's hoffentlich bringen und machen! Ihn hat doch der Prophet Sacharja vorausgesagt: „Juble laut, Tochter Zion! Jauchze, Tochter Jerusalem! Sieh, dein König kommt zu dir. Er ist gerecht und hilft; er ist demütig und reitet auf einem Esel, auf einem Fohlen, dem Jungen einer Eselin … Er verkündet für die Völker den Frieden." (Sach 9,9.10b) Unterdrückte und Unzufriedene erwarten den politischen Kämpfer und Heilbringer. In einem (wohl eher kleinen) Triumphzug, mehr in einer Huldigungsprozession begleiten sie Jesus, der auf dem Lasttier der armen Leute, dem Esel, reitet. Und der Herr lässt geschehen. Er kennt die Herzen der Menschen und weiß um ihre Not unter der römischen Besatzungsmacht. Aber um sie daraus zu befreien, ist er nicht gekommen. Er ist gesandt, uns die Freiheit des Geistes, des Herzens, der Seele zu bringen. – Der Demonstrationszug, würden wir heute sagen, endet mit einer Aufregung in der Stadt, am meisten wohl bei den Schriftgelehrten und Pharisäern, und mit der Frage: „Wer ist das?" Aber leider geht das Bekenntnis einiger wenigen unter und ist bald nicht mehr zu hören: „Das ist der Prophet Jesus von Nazaret in Galiläa."

■ Es gehört zum Geheimnis menschlicher Abgründigkeit, wie schnell in uns etwas umschlagen kann, wie rasch wir etwas für wahr Erkanntes vergessen können. Wankelmütiges menschliches Herz, das wir doch in uns tragen! Und schon wird der Triumphzug für Jesus zum Leidens- und Todeszug.

Jetzt werden Kleider ihm vom Leib gerissen und feilgehalten für die hinrichtende Soldateska. Die Palmzweige werden zur Geißel geflochten, ihn zu schlagen und zu peinigen. Die begleitenden Menschen verlassen ihn; ein paar wenige Bleibende werden – wohl uns gesagt zu ihrer Ehrenrettung – erwähnt. Der Hosiannaruf wird zum gehässigen Geschrei „Crucifige!", ans Kreuz mit ihm; „Sein Blut komme über uns und unsere Kinder!" (Mt 27,25) Das: „Hilf uns, Herr, und rette uns" wird zum unbarmherzigen: „Wir wollen sehen, ob Elija kommt und ihm hilft." (Mt 27,49) Der Friedensbringer wird stummgemacht und liquidiert. Der auf dem Eselchen ritt, ist selbst zum Lastträger, zum Esel der ganzen Welt geworden. So schnell, so rasch, so unbarmherzig geht das!

■ Aus dem buntfarbenen, folkloristischen und doch auch wieder ernst-liturgischen Spiel (besonders bei uns im schwäbischen Oberland) werden plötzlich für uns einige betroffenmachen-wollende Anfragen. Wie ist das bei uns: Begleiten wir Jesus auch auf seinem Passions- und Zerbruchsweg, wenn die Last uns auferlegt ist? Halten wir dann treu am Bekenntnis fest: Das ist der Prophet Gottes, der Messias, der Herr, der uns allein heilen, retten, erlösen wird? Nehmen wir genug zur Kenntnis, dass die Mission des Friedens immer verbunden ist mit Leiden und Erleiden bis zur Hingabe des eigenen Lebens? Und wissen dies auch die Friedensideologen und Friedens-marschierer? Öffnen wir Jesus, wenn er zu uns kommen will (und er ist schon auf dem Weg zu uns), die Tore unserer Lebens-Stadt, dass er einziehen und ankommen kann und uns regieren darf? Dann – und dann erst rufen wir ihm im Sanktuslied unser „Heilig" und unser „Hosianna"– „ Heil dir, Christus" redlich und lauter zu. Erst dann!

HEILIGE WOCHE – GRÜNDONNERSTAG
WIR SIND EINGELADEN (Joh 13,1-15)

■ Aus dem „Es war vor dem Paschafest" ist das Jetzt, ist das Heute geworden – für uns, für uns als Gemeinde des Herrn. Und das Heute ist mehr als nur eine uns berührende Erinnerung. Das Heute ist glaubendes Gedenken, ist heiliges Gedächtnis: Was Jesus damals tat, das tun wir heute in seinem Namen und in seiner Beauftragung. Immer wieder tun wir so, nicht nur, weil es Tradition geworden. Wir begehen das „Geheimnis des Glaubens" in einem herzlichen Bedürfnis, damit Jesu Leben und Leiden und Lieben nicht vergessen wird.

■ Da ist der Gastgeber. Jesus weiß, dass seine Stunde gekommen ist, die Stunde seines Abschiedes von den Jüngern und die Stunde seiner Hingabe für alle. Man hat ihn, den Liebenden Gottes, der nur Gutes tat, einfach nicht ertragen. Man hat ihm in Gesprächen Fallen gestellt und ihn schon lange der Gotteslästerung zu überführen versucht. Man wollte ihn weghaben und vernichten. Dessen ist Jesus jetzt sicher. Sein Leben wird sich vollenden im Sterben für die Menschen. Und er darf aus dieser Welt hinübergehen zum Vater.

Weil Jesus die Seinen, seine Jünger und die an ihn Glaubenden, liebte, wollte er ihnen seine ganze Zuneigung und Zuwendung noch einmal deutlich machen, diese sie erfahren und ihnen zukommen lassen. Wie in einem kostbaren Kristall, in dem sich sein Leben bündelt und widerspiegelt: Das ist sein Mahl, zu dem er eingeladen hat, der Kristallisationspunkt seines Lebens, und all sein Leben für uns! Wer sich danach sehnt, der wird den Gastgeber nicht vergebens einladen lassen!

■ Da ist der Tisch. Das Rund, die Runde der Familie und Tischgemeinschaft. Der Tisch ruft und bringt zusammen. Kommt: Große und Kleine, Alte und Junge, Gesunde und Kranke, Freunde und Fremde, ob verdient oder unverdient! Alle dürfen kommen, alle haben Platz. Beisammen am Tisch rücken wir zusammen, teilen wir mit und nehmen teil am andern. Am Tisch sind wir angenommen und zusammengehörig. Der Tisch eint auf eine wundersame Weise. Der Tisch will auch versöhnen: Wir reichen einander die Hände: Ich bin dir gut und will, dass du zum Leben kommst!

Welches Anerbieten: Jesus selbst ist dieser Tisch! An diesem geheiligten Abend erfahren wir es wieder neu und wohl auch bewusster denn sonst. Bei ihm dürfen wir uns sammeln, um ihn uns versammeln. „Kommt alle zu mir, die ihr euch plagt und schwere Lasten zu tragen habt" (Mt 11,28), die ihr Hunger habt nach mehr! Für jeden habe ich Platz. „Wer zu mir kommt, den werde ich nicht abweisen" (Joh 6,37b). Am Tisch erfahren wir von ihm – so gut wie auf dem Weg! Wie er sich mitteilt, wie er teilt und austeilt – immer sich selbst im Überfluss und mit einer Weite und Herzlichkeit! Hätten wir doch auch etwas von seinem Sein, von seinem Verschenken: Wir wären uns in der Ökumene schon viel näher.

■ Da ist das Mahl auf dem Tisch. Brot und Wein, die Gaben der Erde und der menschlichen Arbeit, aus dem Korn gemahlen, aus der Traube gekeltert im schmerzlichen Prozess: Sinnbilder unseres Lebens, Grundnahrungsmittel für unser Leben: Ohne Trank sind wir krank, ohne Brot sind wir tot. Und dann das Wunder. Jesus ist das Brot der Erde und des Himmels, Jesus ist der Wein der Köstlichkeit und Zeichen des Neuen Bundes. Esst, trinkt – nehmt mich in euch auf, trinkt mich in euch hinein: Unterpfand der Herrlichkeit und Unsterblichkeit in Ewigkeit! Ich bin euch die Kraft für den Weg, den zu gehen euch aufgegeben, sonst ist er zu weit und zu schwer. Ich bin das Manna in eurem Hunger, ich das Wasser aus dem Felsen, damit ihr die Wüsten überlebt. Ich bin euch die Speise der Heiligen, dass auch ihr mir nachfolgen könnt – im Zerbruchsweg des Kreuzes. Und ich bin euch im Mahl die Vermählung: Ich in euch, ihr in mir, eine heilige Gemeinschaft: So sehr habe ich euch lieb – bis in den Tod! – „Guter Hirt, du Brot des Lebens, wer dir traut, hofft nicht vergebens, geht getrost durch diese Zeit. Die du hier zu Tisch geladen, ruf auch dort zum Mahl der Gnaden in des Vaters Herrlichkeit." (Thomas von Aquino 1263/64, GL 545)

HEILIGE WOCHE – KARFREITAG
DAS KREUZ – BOTSCHAFT DER LIEBE GOTTES
(Joh 18,1-19,42)

■ Die Passion Christi, heute am Karfreitag nach dem Johannes-Evangelium, ist nicht die Botschaft des lieben Gottes: Es ist die Botschaft von der Liebe Gottes. „Denn Gott hat die Welt so sehr geliebt, dass er seinen einzigen Sohn hingab" (Joh 3,16). Die Liebe Gottes im Zeichen des

Kreuzes, des erschütternden Leidens und Sterbens Jesu; ist kein Scheitern, es ist deren Vollendung. So kann nur die vollkommene Liebe tun, die in die Menschen vernarrte, die sich für uns alle verströmende. Gerade in der Hingabe am Kreuz enthüllt sich, wird sichtbar und erfahrbar, welchen „Einsatz" Gott es sich kosten lässt, um uns zu retten und zu erlösen. Das darf, das muss uns berühren und erschüttern.

■ Gottes Liebe erweist sich im abendlichen Mahl vor dem Osterfest. Unerhört dieser Dienst des Herrn für seine Jünger; Petrus will ihn zunächst nicht an sich geschehen lassen! Aber Jesus tut ihn, weil er weiß, wie sehr wir Menschen den Dienst der Vergebung nötig haben. Seither vollendet sich Liebe stets in dieser Äußerung des Herzens: Den Schuldiggewordenen vom Boden aufzuheben, ihm zu verzeihen und ihm einen neuen Anfang zu ermöglichen – aus Liebe.

– Gottes Liebe erweist sich bei Jesu Gefangennahme. Er verzichtet auf Macht und Abwehr und gibt sich freiwillig und bereit in die Hände der Sünder. „… Alle, die zum Schwert greifen, werden durch das Schwert umkommen" (Mt 26,52). Selbst den verräterischen Kuss des Judas – die Verkehrung der Liebe – nimmt er hin; er verweigert sich nicht seinem Jünger, weist ihn nicht zurück. Seine Liebe ist stärker.

– Gottes Liebe erweist sich im Gerichtssaal im Schau- und Lügenprozess. Pilatus versucht sich zwischen Rechtlichkeit und Angst hindurchzuwinden, um nicht die Sympathie des Judenvolkes zu verlieren. Jesus aber bezeugt die Wahrheit, die Liebe heißt. Ihr hat er sich verschrieben; sie allein kann erlösen, die Liebe.

– Gottes Liebe erweist sich beim Kreuztragen: Jesus trägt sein Kreuz, er trägt uns; unsere Not und unser Leiden, all das Ungelöste und Unerlöste in uns. Und er trägt's ins Kreuz hinein. Das Wort wird Kreuz! In drei Sprachen steht's über den Gekreuzigten geschrieben, in Griechisch, Lateinisch, Hebräisch: Jesus, der König der Juden, Jesus, der Menschen Knecht. Hier am Kreuz zeigt sich Gottes Liebe zu uns, für uns am deutlichsten und erschütterndsten.

■ Das Kreuz, so sehr wir uns dagegen sperren, ist das Zeichen der göttlichen Grundordnung. Es ist die innerste Konstruktion des Lebens auf unserer Erde, der Ruhepunkt aller Dinge, ihr kosmischer Angelpunkt. Jede

Pflanze, jeder Baum wächst in die Länge und in die Breite im Zeichen des Kreuzes. Auch uns Menschen ist das Kreuz als Grundgestalt gegeben: Wir sind angelegt in der Vertikalen und in der Horizontalen. Von Gott kommen wir, zu ihm gehen wir wieder. Das Kreuz ist der Wendepunkt, von dem aus wir zum Vater heimfinden. Und wir sind auch für unsere Nächsten, rechts und links von uns, bestimmt. Nur in der Begegnung mit dem Du werden wir zu Menschen. Wer das Kreuz annimmt und bejaht, der erfährt, dass das Kreuz die gestörte Ordnung des Kosmos wieder herstellen kann und will, unser Menschen-Herz zu allererst.

■ Gott geb's, dass wir im Glauben bekennen dürfen: Im Kreuz ist Heil, im Kreuz ist Hoffnung, im Kreuz ist Vergebung, im Kreuz ist Leben, im Kreuz ist Frieden. Und im Glauben uns dem Mysterium des Kreuzes nähern können, wenn wir es selbst aufgeladen bekommen, wenn wir selbst ins Kreuz hineingenagelt werden. Nie sind wir dann Christus näher, der für uns am Kreuz seine ganze Liebe verströmte. So „hilf mir, im Abgrund nicht verzagen und hoffen, dass dein Kreuz mich hält." (nach GL Nr. 185,9)

HEILIGE WOCHE – OSTERNACHT
„ICH SPÜRE KEINERLEI VERÄNDERUNG" (Mt 28,1-10)

■ In Jerusalerm war's. Schüler eines Rabbi eilen am Ostertag zu ihrem Lehrer und berichten aufgeregt: „Die Leute erzählen, dass Jesus, der Nazaräer, von den Toten auferstanden sei." Daraufhin geht der Rabbi zum Fenster, öffnet es und schaut lange in die Gassen der Stadt. Dann schließt er wieder das Fenster und bemerkt: „Ich spüre keinerlei Veränderung!"

Ist wirklich alles beim Alten? Ist alles wie gehabt? Nichts Neues, alles, so wie immer? Ein Tag wie jeder andere? Die Steine, die verschließen, auf den Gräbern? Die Toten bei den Toten? Kein Trost für die Trauernden, keine Ermutigung für die Verzagten, kein Lichtblick für die Verängstigten? Wenn dem so wäre, dann hieße Ostern Vergeblichkeit, Hoffnungslosigkeit, Verlorenheit.

Aber Jesus ist doch auferstanden, wird uns berichtet und bezeugt. Und wir können dem Zeugnis und Bekenntnis glauben und vertrauen. Der Stein ist weggwälzt, das Grab ist offen und leer. „Ich lebe, und auch ihr sollt leben!" (Joh 14,19) Wenn dem so ist, dann ist Ostern der große Wendepunkt: Gott selbst hat eingegriffen in die Gesetzlichkeit des Lebens, in den Ablauf der Welt – vom Tod zum Leben. Das ist dann auch der Grund, warum wir nicht Todverfallene sind, sondern Berufene für das Leben. Von da an stehen wir im Zeichen der Sonne und des Lichtes, im Zeichen von Ostern. Erlöste, frohe und österliche Menschen dürfen wir sein! Diese Wirklichkeit heißt es, umzusetzen in unser Mensch- und Christsein.

■ Erlöster müssten wir Christen aussehen. Nicht durch kosmetische Korrektur, fromm gestylt und geliftet. Sondern durch die seinsmäßige Verwandlung, die Jesus, der gekreuzigte und auferstandene Herr, in uns gewirkt hat. Er hat uns doch herausgeholt aus dem Kerker des Daseins, aus Tragik und Schuld. Er ist unserem Leben die Zukunft, weil er uns in die Begnadung Gottes hineingenommen hat. Nicht dass *wir* uns gerettet hätten. Das hat der Retter Christus für uns getan. Und diese neue Wirklichkeit sollte uns nicht versöhnter, entkrampfter, gelassener aussehen lassen?! Immer mit ein wenig Osterfarbe und einer Freundlichkeit. Vielleicht auch ein wenig – im guten Sinn – überlegener, über den Dingen stehend, mit den Engeln tanzend!

■ Zuversichtlicher müssten wir Christen glauben. Kommen wir doch endlich weg vom Wahn, dass wir in unserem Leben alles selbst machen und leisten, erreichen und halten müssten!
In Letzten sind wir doch angewiesen und abhängig von einem anderen. Und der hält uns in seinen Seilen, birgt uns in seinen Händen. Der trägt Sorge für uns, auch wenn wir durch die Nacht und die Not gehen müssen. Der liebt uns, ja, der liebt uns trotz allem und lässt uns nicht verloren sein. Ihm dürfen wir vertrauen, ihm uns geben. Was an Christus geschehen, das wird auch uns zum Frieden und zum Heil. In diesem Glauben und auf Hoffnung hin dürfen wir leben!

■ Österlicher müssten wir Christen leben! Ostern, Auferstehungstag, Neuschöpfung, Begnadung, das Hineingenommensein in kommende

Vollendung und Erfüllung – das sind doch Aussichten! Das Pluszeichen, das Kreuzeszeichen als Signum des Sieges über Tod und Teufel vor unserem Leben! Die Ostersonne ohne Untergang über uns. Das österliche Halleluja in uns als unser Lied. In welcher Überzeugung und Begeisterung könnten wir doch leben und sympathisch dazu, andere ansprechend und anziehend! Was könnte das für eine österliche Erneuerung für unsere Kirche, für unsere Gemeinden werden! Wie nötig, wie notwendend wäre dies!

■ Ich schaue zum Fenster hinaus, voller Erwartung: „Und ich erspüre doch eine wesentliche Veränderung!"

OSTERSONNTAG – HOCHFEST DER AUFERSTEHUNG DES HERRN
DER HERR LEBT, HALLELUJA (Joh 20,1-9)

■ Angenommen, Christus wäre vom Tod nicht erweckt worden, nicht auferstanden. Dann wäre die Ostergeschichte zwar eine aufregende Erfindung der Jünger Jesu – und das seit 2000 Jahren! Aber wir wären Geleimte, Hereingefallene, Betrogene. Der Boden, auf dem wir stehen, wäre uns weggezogen: Ohne Ostern wäre unser Glaube eitel und verlogen (1 Kor 15,14), das Osterevangelium ein Brief ohne Unterschrift, das Buch der Bücher vielleicht gerade noch eine unterhaltsame Story über den guten Menschen von Nazareth, der gescheitert ist am Idealismus seiner Menschenfreundlichkeit. Unsere zugesagte Erlösung von Sünde und Tod wäre ein Wunschtraum, ein uns entgegenkommender ideologischer Überbau, um überhaupt die Ungereimtheiten und Ungerechtigkeiten und Unmenschlichkeiten dieser Welt aushalten zu können. Ohne Ostern – das ist sicher – keine Hoffnung. Ohne Hoffnung jedoch kein Leben! Das wissen wir doch alle: Hoffnung verloren, alles verloren! Dazu brauchen wir keine Philosophen, das ist unsere eigene menschliche Erfahrung.

■ „Christus – am dritten Tage auferstanden von den Toten"? Direkter gefragt: Warum glaubst du, warum glaube ich an die Auferstehung Jesu –

warum glauben und bekennen wir dann: Christi Auferstehung? Obwohl es von dieser keinen Dokumentarfilm gibt (wie etwa vom Kriegsgeschehen vor 65 Jahren). Obwohl beim Vorgang der Auferstehung Christi keine Menschenseele dabei gewesen ist. Obwohl die Jünger selbst mit diesem Mysterium sehr schwergetan haben – von der Glaubenskrise bis zum massiven Zweifel. An den Tod Jesu zu glauben, ist offensichtlich leichter als seine Auferstehung anzunehmen. Wir sind gefragt. An Ostern müssen die Karten auf den Tisch und Farbe bekannt werden.

Ich glaube deshalb, weil hinter den Dokumenten glaubwürdige Dokumentatoren, weil hinter dem Zeugnis ernstzunehmende Zeugen stehen. Durch das grausame Sterben Jesu völlig verwirrt, zutiefst enttäuscht, in Panik auseinandergelaufen, haben sie niemals mit dieser Wende durch das machtvolle Eingreifen Gottes gerechnet. Und dann ihre nachösterlichen Begegnungen, Gespräche, Berührungen mit ihrem Herrn – wie ein Widerfahrnis, das über sie kommt! Das ließ Glauben in ihnen aufkommen, bestärkte ihre Überzeugung: Der Herr lebt! In anderer Seinsweise: Im neuen Leben, in Gottes Leben, in der unfassbaren Dimension des Gottes-Lebens. Gott hat in Jesus Christus den Kampf aufgenommen gegen Sünde und Tod – und er hat ihn gewonnen. Das ist die Botschaft von Ostern, und sie gibt unserem Leben einen gültigen Sinn und ein verheißungsvolles Ziel. Wenn Christus auferstanden ist, dann dürfen auch wir hoffen, dass er uns mitnimmt in Gottes Vollendung und Herrlichkeit (2 Tit 2,11).

■ Aufgrund der Zeugen können wir glauben, nicht nur durch ihr Wort, viel mehr durch ihr Leben und Sterben. Für das Christuszeugnis haben sie gelitten, Strapazen und Verfolgung auf sich genommen, sind ins Martyrium gegangen.

Heute braucht's ebenso Zeugen des gekreuzigten und auferstandenen Christus. Unsere Zeit ist zeugnisbedürftig wie keine andere zuvor. Dazu sind wir gefragt, wir als österliche Menschen. Unseren Mitmenschen vorzuleben unser Erlöstsein von Zwängen und Verkettungen – in wahrer Freiheit. Nicht der Verführung und dem Wahn nachzulaufen, dass es nur auf Macht und Geld und Wohlleben ankommt. Uns hat sich das „Droben" eröffnet, zu dem wir unterwegs sind. – Die Menschen aufhorchen und aufsehen zu lassen, dass wir Christen doch die Fröhlicheren und Gelasseneren sind, weil wir seit Ostern wissen, dass unser Leben und der Gang der Weltgeschichte ein gutes

Ende haben werden – durch Gottes gnädiges Eingreifen. – Den anderen vorzuleben eine gute und sympathische Mitmenschlichkeit, die teilt und denen in Not hilft und die achtet und beschützt den bedrohten Menschen, der Gottes Würde und Auferstehung in sich trägt. Einfach österlich leben als Christ, dessen Grab Christus aufgebrochen hat. Die Ostersonne hätte dann wirklich keinen Untergang mehr! Halleluja!

OSTERSONNTAG – HOCHFEST DER AUFERSTEHUNG DES HERRN
DIE KONTRASTGESCHICHTE (Mt 28,8-15)

■ Eine der vielen Ostergeschichten und -begegnungen, die letzte in der Matthäus-Überlieferung. Eine gegensätzliche Erzählung, fast wie eine Schwarz-Weiß-Malerei.

Hier die Frauen aus dem Jüngerkreis Jesu. Sie sind dabei, einen Friedhofsbesuch zu machen. Ihrem Herrn wollen sie ihre Pietät und ihre Liebe erweisen. Frauen sind da entschiedener und beherzter als die noch immer verstörten Mannsbilder! Ein verkündender Engel – der tritt immer dann auf, wenn die menschliche Sprache sprachlos wird: Den ihr sucht, ist auferstanden! Schnell, sagt's den Jüngern! In Galiläa, an den Erst-Wirkungsorten Jesu, werdet ihr ihn sehen. Die Frauen eilen mit dieser Botschaft zu den Jesus-Freunden, voller Furcht und voller Freude, erschüttert und doch glücklich. – Da plötzlich begegnen sie Jesus selber. „Schalom", grüßt er und beruhigt: „Fürchtet euch nicht!" Und die Frauen gehen auf ihn zu, werfen sich nieder vor ihm, umfassen seine Füße. Sie huldigen ihm, beten ihn an, glauben ihn. Zu den ersten Zeugen werden sie, zu den ersten Botinnen, zu den ersten Verkünderinnen der Auferstehung Jesu. Des' sind wir uns gewiss: Er lebt!

■ Dort die Grabwächter, die der Landpfleger Pontius Pilatus ans Grab Jesu befohlen hatte. Auch sie eilen, eilen zur synagogalen Behörde und berichten alles, was geschehen war. Doch die Repräsentanten Israels (die Synagoge mit den verbundenen Augen – siehe Steinplastik am Straßburger Münster) glauben ihnen nicht. Wollen ihnen nicht glauben. Sie bestechen die Soldaten mit viel Geld. Und für Geld ist viel zu haben! Selbst Leichenfledderei und Leichendiebstahl. Das geht bis heute so mit immer neuen Varianten, um die Auferstehung Jesu kritisch zu hinterfragen, sie in Frage zu stellen, sie zu leugnen – von der „Scheintod-Hypothese" angefangen über die „Halluzination"-Behauptung, über die nur symbolische Deutung, Jesus sei in seine Gemeinde auferstanden, er sei eben in der Erinnerung seiner Anhänger lebendig geblieben.

Eine Kontrastgeschichte zwischen Annahme und Ablehnung, zwischen Glauben und Unglauben, zwischen Leben und Tod. Eine Kontrastgeschichte, die auch für unser Leben gilt: Leben wir aufgrund der Auferstehung Christi oder bleiben wir in den verschlossenen Gräbern unseres Todes?

■ Das bejahte, überzeugte Ostern bringt dann in Bewegung. Die Schlussverse bei Matthäus 28,16-20 sagen es und berichten über die Auswirkungen des Osterglaubens. Jesus gibt seiner Jüngergemeinde letzte Anweisungen:

„Geht zu allen Völkern!" Ihr seid keine Sitz- und Stehkirche, ihr seid Gehkirche, zu den Menschen und zu Gott unterwegs. Kirche kann nicht erwarten, dass die Menschen auf sie zukommen. Der Kirche Auftrag ist es, dass sie auf die Menschen zugeht.

„Macht alle Menschen zu meinen Jüngern!" Nicht mit den Methoden brachialer Missionierung (so auch schon geschehen im Verbund mit der Kolonialisierung!), sondern im Anerbieten der Frohbotschaft und in der Anerkennung der Entscheidungsfreiheit des Menschen; immer mit der Menschenfreundlichkeit Jesu.

„Tauft sie!" Im Zeichen der Erwählung und Begnadung Gottes. Zum Zeichen ihrer Gotteskindschaft und der Zugehörigkeit zur Familie Gottes: Gemeinsam auf dem Weg Jesu zu sein.

„Lehrt sie, alles zu befolgen!" Die Weisungen Gottes und die Botschaft Jesu sind für die Menschen zum Besten, zu ihrer Therapie, zu ihrem Heil und Leben, die Weite ihres Lebens ermöglichend.

Und dann die ermutigende und gewissmachende Zusage des Herrn: „Seid gewiss", seid überzeugt, darauf könnt ihr euch verlassen: „Ich, Jesus, bin bei euch alle Tage bis zur Vollendung der Welt!" – Ostern, das ist die Bewegung zum Leben!

2. OSTERSONNTAG
WENN ICH NICHT SEINE WUNDEN BERÜHREN DARF ... (Joh 20,19-31)

■ Der ungläubige Thomas: So übel ist der gar nicht, wie man ihn oft in unseren Kreisen vorschnell deklassiert hat. Er war, wie wir moderne Menschen sind. Sehen, hören, begreifen wollte er Jesus. Bestätigung und Sicherheit seines Glauben suchte er. Ist das denn so ketzerisch, so unfromm, so daneben? Müssen wir, wenn wir glauben, die Augen einfach zumachen? Voll auf Risiko gehen? Müssen wir das Opfer unserer denkenden Vernunft bringen, ohne zu fragen und kritisch zu hinterfragen? Einfach alles hinnehmen, was uns die heilige Tradition 'rüberbringt und die Kirche uns vorschreibt? Mir ist der Apostel mit seinem Spitznamen „Didymus-Zwilling" absolut nicht unsympathisch. Ein moderner Mensch, mit dem wir es bis heute und hier zu tun haben; und wie oft! Ihm geht es um die Wahrheit und Gewissheit, ob Jesus von den Toten auferstanden lebt und das Grab dieser Welt aufgestoßen hat. Wievielen geht das heute genauso?! Schon leugnen selbst Christen zu 50% diesen Grund-Glauben, in den die Botschaft unserer Erlösung und Rettung eingegründet ist. Anscheinend ist das ewige Stirb-und-Werde und die esoterische Heilslehre von der Wiedergeburt leichter anzunehmen, mindesten unverbindlicher und billiger zu haben. – Thomas wird es geschenkt – und das ist sein Bonus – dass er Jesus erfahren darf: Hier meine Wundmale! Glaube, verkünde, bezeuge!

■ Wir haben es schwerer mit dem Glauben. Unsere Denkweise ist von der Naturwissenschaft geprägt. Da wird berechnet nach experimentell erwiesenen Gesetzlichkeiten und Zahlen, da wird bewiesen und nachgewiesen mit logischem Denken und mathematischer Genauigkeit. So will man auch mit dem Glauben verfahren und vergisst, dass vieles zwischen Himmel und Erde sich solchem Zugriff entzieht. Bedenken wir beispielsweise doch einmal die Liebe; ist sie derart berechenbar, machbar, verfügbar? Und Gott, ist der anders? Der ist doch noch mehr als Liebe, die Liebe total. Seine Liebe, und nur sie, ist die Kraft gewesen, sich stärker als der Tod zu erweisen, Jesus dem Tod zu entreißen.

Möglich, dass unsere Eltern und Vorderen es auch noch etwas leichter hatten mit dem Glauben und dem Glaubenkönnen. Nietzsche spricht vom getöteten Gott, Reinhold Schneider vom verdunkelten Antlitz Gottes, Theologen von der Abwesenheit Gottes und von der Gottesfinsternis in unserer Zeit angesichts der Ungerechtigkeiten, der Verelendung, der zunehmenden Entmenschlichung des Menschen. Solche Argumente seien die stechenden Trümpfe gegen Gott. Ihm wird das bohrende und bittere „Warum" gestellt: Warum lässt du Auschwitz und lässt du die furchtbare Flutkatastrophe zu (26. Dezember 2004), warum nimmst du die Mutter von drei Kindern weg, warum muss es immer die Ärmsten am meisten treffen, warum hast du die verzweifelten Gebete nicht erhört? Ja, unser Glaube ist ein angefochtener, bei vielen ein aufgegebener und erlöschender geworden. Da noch an die Auferstehung Jesu und an unsere eigene Auferweckung glauben? Zum „Trotzdem-Glauben" kommen, dass unser Glaube trotz allem die Liebeserklärung Gottes ist an unsere Welt und an uns Menschen (nach Eugen Biser)!? Wenn „sich drüben nichts rührt" (Goethe), nichts zeigt, nichts tut!?

■ Wie ist das mit Thomas, dem Apostel, gewesen? Ich schätze, er war geplagt vom Zweifel und von der Verzweiflung: Sie haben unseren Herrn ins Kreuz der Verbrecher und Gottverlorenheit hineingeschlagen. Und wir haben doch gehofft, er werde Israel, er werde uns erlösen! Wie fast alle geflohen, sucht er dann doch wieder die Gemeinschaft der Mitapostel, sucht die Bestärkung und Ermutigung durch die Brüder. Und wie offen war er für Jesus, wie suchend nach ihm, dem die anderen schon begegnen durften! Dieser seiner Offenheit und Sehnsucht wurde die Gewissheit geschenkt: Jesus lebt! „Mein Herr und mein Gott!" Thomas glaubt, bekennt, betet an, Thomas lässt sich senden (nach Indien). – Für uns: Wer Christus – und in ihm Gott selber – vernehmen will, der hört ihn; wer ihn sehen will, der sieht ihn; wer ihm glauben will, dem gibt er sich – meist über eine Gemeinschaft, durch Zeugen des Glaubens. Durch Glauben, der ein „Ans-Herz-Gottes-Werfen" ist: „Ich vertraue dir ganz" dürfen auch wir den lebendigen Christus erkennen.

EINE ÖSTERLICHE KIRCHE (Lk 24,13-35)

■ Die Emmausgeschichte, die wohl schönste Weggeschichte des Neuen Testamentes, kann gedeutet werden als die Geschichte der österlichen Kirche. So müsste sie sein, so sollte sie leben, du und ich und wir alle!

■ Die unterwegsseiende Kirche
Zwei Jünger Jesu, Kleopas und noch ein anderer (mit ihm ist ein jeder von uns gemeint), sind auf dem Weg nach Emmaus. Nach dem schrecklichen Geschehen in Jerusalem gehen sie weg vom Zentrum Christus an die Peripherie, von der Mitte ihres Lebens wieder an den Rand, in die Nacht ihres kleinen Ich, in ihre Enttäuschung und Verzagtheit.

Genau dies ist der Weg der Kirche. Wie oft in ihrer Geschichte ist sie dem schmerzlichen Kreuz der dienenden Hingabe und Hergabe für die Menschen – von Christus vorgelebt und vorgegeben – davongelaufen, hinein in die Dunkelheit des Herrschens und des Verfügens über die Menschen. – Wie oft ist die Kirche auch verharrt an dem in Besitz genommenen Ort. Der statische Felsen kann ja sehr wohl dazu verführen, sich nur am Früheren und Gehabten, an bekannten Traditionen und Ritualen festzuhalten. Dann ist sie zu wenig in der Dynamik, in notwendig-verändernder Bewegung – auf Neues zu und auf Zukunft hin, um des Menschen willen. – Da muss uns zu jeder Zeit Jesus begegnen. Auf dem Weg, unterwegs, wenn wir suchend und fragend aufbrechen, wird er bei uns sein; wenn er unseren Weg durchkreuzt, deutend und korrigierend.

■ Die mittragende und mitleidende Kirche
Die beiden Jesusjünger tauschen auf dem Weg ihre Gedanken aus, was sie belastet und bedrückt, was mit ihnen umgeht. Wir hofften doch, Jesus würde ganz Israel erlösen, und jetzt dieses sein tragisches Ende und unser Ende mit! Ihre Not macht sie wie blind. Sie sehen den nicht, der sie begleitet. Begreifen ihn nicht, als er sie im Glauben bestärken will. Der erwartete Messias ist doch immer als der leidende Gottes- und Menschenknecht angekündigt worden! Ihr solltet es wissen!

Das ist wieder für die Kirche, ist für uns gesagt. In der Nachfolge Jesu geht es nie um Macht und Triumph. Jesus kam, um die Menschen aus Enge und Knechtschaft zu befreien, um sie zu heilen und zu heiligen an Leib und Seele, um sie aus Sünde und Tod zu retten.

Nichts anderes ist und bleibt der Auftrag der Kirche zu jeder Zeit. Für den bedrohten und angeschlagenen Menschen ist sie da, für ihn hat sie sich einzusetzen, für ihn muss sie sich brauchen und verbrauchen lassen. Das ist ihre glaubwürdigste Verkündigung, das ist ihr lebenbringender Dienst für sie. Nicht zum Herrschen ist Jesus gekommen; sein Leben war von Anfang an bis zum Ende das Sich-dran-und-Dreingeben für andere. Ich habe euch ein Beispiel gegeben, dass auch ihr so tut (Joh 13,15)!

■ Die gastfreundliche Kirche

Kleopas und sein Freund laden den Fremden ein, bei ihnen einzukehren und zu verweilen. Sie tun recht: Ohne ihn ist immer Abend in der Kirche und in der Welt. Und Jesus wird ihnen zum Brot, zum Leben, zur Ermutigung und Hoffnung. Wir dachten es uns doch: So wie er bricht sonst niemand das Brot, so herzlich und so austeilend! Es ist der Herr, er, das leibhaftige Brot Gottes! Ganz warm ist es uns geworden ums Herz, in seiner Liebe geborgen.

Das ist wieder eine Verpflichtung für unsere Kirche, für uns alle! Einladend und offen zu sein, immer mehr zu werden! Für alle Bedürftigen und Hungrigen, für alle Suchenden und Fragenden, für alle Brüder und Schwestern im Glauben, die doch zu Jesus und zu uns gehören. Im Letzten geht es doch nicht um dogmatische Definitionen und kirchenrechtliche Ab- und Ausgrenzungen. Es geht um den Hunger der Menschen und um ihr und unser Über-Leben! Die Tür zum eucharistischen Mahl muss geöffnet werden. Wenn Jesus sagt: Ich werde keinen, der zu mir kommt, zurückweisen (Joh 6,37), dann müssen auch wir so tun – mit mehr Vertrauen zu Gottes Führung so tun: Das heilige Wort mitzuteilen und das heilige Brot zu verteilen! Zum Leben der Menschen!

… DASS SIE DAS LEBEN IN FÜLLE HABEN (Joh 10,1-10)

■ Zu den vielen Kostbarkeiten im Lateranmuseum in Rom gehört eine alt-christliche Marmorskulptur „Christus als jugendlicher Hirte" mit dem Lamm auf den Schultern. Es ist nicht die einzige Figur dieser Art. Wir finden den „Guten Hirten" in Steinzeichnungen der Katakomben und auf Mosaiken der Apsiden in Ravenna und anderswo. Von 455 Christus-bildnissen aus dem 3. und 4. Jahrhundert seien es 105 vom Hirten Christus. Es war ein Zeitalter der Angst, wird uns berichtet, so ähnlich wie heute. Und die Menschen hätten im Guten Hirten das tröstliche Zeichen des leitenden, des schützenden, des bergenden Retters gesehen.

■ Christus als Guter Hirte ist keine romantische Schäferidylle. Kraftvoll gezeichnet ist er in den Aussagen des Johannes-Evangeliums und stark ist er in den Stein gehauen. Der Hirte leitet die Seinen; einmal geht er ihnen vor-aus, einmal hinterher. Im Gatter, im beschützenden Pferch bewahrt er sie vor dem angreifenden Wolf. Dann öffnet Christus die Tür, die er selbst ist, um die ihm Gehörenden auf sattmachende Weide und zur Wasserquelle zu führen. Alle kennt er mit Namen, allen wendet er sich zu und liebt sie. Sie kennen seine Stimme, mit der er sie ruft, sie lockt, sie mahnt, sie anweist. Er verteidigt sie gegen Diebe, auch gegen gedungene Mietlinge, denen es nur um das Fell und Fleisch geht. Er gibt sich sogar hin und gibt sein Leben her, dass die Seinen das Leben haben und es in Fülle haben (Joh 10,10). – In Jesus, dem Christus, wendet sich der ewige Hirte Gott uns Menschen zu. In ihm zeigt er sich, in ihm erfüllt sich der uns immer wieder neu anspre-chende Hirtenpsalm 23: „Muss ich auch wandern in finsterer Schlucht, ich fürchte kein Unheil; denn du bist bei mir" (Ps 23,4). Wie sehr kann uns dieser Zuspruch aus dem Gleichnis des Guten Hirten und dieses Bekenntnis aus dem frommen Psalmengebet – auch für uns Menschen heute, die ebenso in einem Zeitalter der Ängste leben – zur Getrostmachung und zur Bestärkung werden!

■ Im Bild des Guten Hirten – es ist kein antiquiertes, sondern ein archai-sches Urbild für jede Zeit – begehen wir heute den Tag der geistlichen Berufe. Und das in der Zeit des akuten Priestermangels. Die Seelsorge-

Einheiten sind beredt genug, dass wir in Not gekommen sind mit pastoralen Versorgungslücken und enormen Umstellungsforderungen. Was vorgestern noch war, ist nicht mehr. Schlimm für uns, wenn Gemeinden nicht mehr jeden Sonntag eine Eucharistiefeier begehen können! Damit sind wir doch aufgewachsen; das hat das letzte Konzil formuliert: Die Eucharistie ist die Quelle, die Mitte, der Höhepunkt unseres Glaubens, dem unserer Kirche!

Der Mangel an geistlichen und kirchlichen Mitarbeitern hat Gründe. Meiner Ansicht nach ist es nicht nur der Zölibat, die Ehelosigkeit, was junge Menschen von diesem Beruf abhält; wiewohl über neue Zugänge zum Priestertum nachgedacht werden muss. Andere Berufsangebote sind attraktiver und lukrativer. Wer will schon einen alternativen Lebensstil leben und zum Verlieren antreten? Und wer will/kann – und dies ist wohl das entscheidende Kriterium – den Glauben leben in einer dünner gewordenen Glaubensatmosphäre (einschließlich unserer Familien) und sich für eine Kirche einbringen, die glanz- und begeisterungslos geworden, in einer ernstzunehmenden Krise ist? Wir selbst können uns aus dieser Verantwortung nicht davonstehlen wollen.

Um geistliche Berufe, um Klosterberufungen, um Missionare beten – ja und nochmals ja! Dafür ein neues Klima schaffen, die Möglichkeit dazu aussprechen, junge Menschen ansprechen, ja! Überzeugter und glaubwürdiger als „Pfarrer Braun" und „Um Himmelswillen" im Fernsehen. Als Zeugen von Ostern, die selber überzeugt an Christus glauben, denen es in ihrem Glaubenzeugnis darum geht, dass der Himmel über unserer Welt offengehalten werden muss; dass es Friedensbringer um Christi willen geben muss, wenn unsere Welt nicht kaputtgehen soll; dass es auch heute Menschen geben muss, die sich für in Not-Gekommene, für Arme, für den bedrohten Menschen einsetzen, um sie zu Christus zu begleiten, der uns das Leben in Fülle ist. Ja und Ja und nochmals Ja! Das andere, dessen dürfen wir gewiss sein, wird dann Gott besorgen!

5. OSTERSONNTAG
EIN GEKONNTER WERBESPOT (Joh 14,6)

■ Das Johannes-Evangelium bringt uns an diesen Ostersonntagen das Christusgeheimnis nahe: Jesus, den Gärtner, der Maria von Magdala erscheint; Jesus, der seinen Jüngern Frieden und Versöhnung bringt; Jesus, der sich Thomas durch seine Wundmale ausweist; Jesus, der Mitwanderer nach Emmaus; Jesus, der Fischermeister, der seinen Menschenfischern Anweisung gibt; Jesus, die Tür und der Hirte seiner Gemeinde. Und wie ein gekonnter Werbespot: Jesus, „Weg – Wahrheit – Leben!" (Joh 14,6) – Genau das sind doch die Grundbedürfnisse der Menschen zu jeder Zeit. Da müssten wir Menschen hellhörig werden, uns angesprochen fühlen!

■ Jesus: Ich bin der Weg. Wer sich als Pilger weiß, der ist ein Weg-Mensch (Apg 9,2). Der braucht den Weg und der ist auf dem Weg. Der Weg ist ein Urbild für unsern Lebens-Weg. Eigentlich sind wir immer auf dem Weg unserer großen Sehnsucht. Wohin? Durch Wasser und Wüste in die Weite Gottes. Immer nach Hause (Novalis). – Der Weg kann nur im Wagnis gegangen werden, im Abbruch des hinter uns Liegenden und im Aufbruch zum vor uns Seienden. Jeder Weg beginnt mit dem ersten Schritt. Auslangend und vorwärtsschreitend liegt das Ziel vor uns. Aber dorthin ist ein weiter, ein beschwerlicher Weg mit Durststrecken, mit der Anfechtung der Müdigkeit und Aussichtlosigkeit, mit der Bedrohung der Wegelagerer, mit der Gefahr der Verirrung und Verwirrung. Dennoch: Ruhelos unterwegs zu bleiben, heißt unser Auftrag.

Die Mystiker des Mittelalters sprechen von der via purgativa, die wir zu bestehen haben: Auf dem Weg geschieht Reinigung, Läuterung, Umkehrung meiner selbst. Dann aber auch auf der via contemplativa: innere Erleuchtung, Einsicht, Erfahrung vom Licht durch die Begegnung mit dem Mitwandernden Jesus. Erst, wenn unser Kreuzweg ins Ende, in die Vollendung hineinmündet, wird uns die Wende des Weges, wird uns die Vollendung des Weges geschenkt. Jesus kennt diesen Weg, er ist ihn gegangen mit uns, für uns. Und dies beispielhaft, gültig, befreiend. Er kann von sich sagen: Ich bin der Weg Gottes zu euch, und ich bin der Weg des Menschen zum Menschen und zu Gott. Ich bin euch Orientierung und Ermutigung auf dem Weg. Wer mir nachgeht, wird sich nicht verlaufen und verlieren; der darf ankommen. Und ich trage euch mit auf dem Weg – vom Tod zum Leben!

■ Ich bin die Wahrheit. Es zeichnet uns Menschen aus, wenn wir Fragende und Suchende bleiben nach Wahrheit. Viele sind so bis zu ihrem Lebensende. Wir wollen durchblicken, wir müssen dahinterkommen, wir müssen enträtseln und entdecken, wollen auf den Grund der Dinge und der Menschen und Gottes schauen. Aber was ist Wahrheit? Die Pilatusfrage treibt uns um (Joh 18,38). Wir sind genug gebrannte und geleimte Kinder, oft angeführt und verführt von Lug und Trug, von Täuschung und Schwindel. Vom Jahrmarkt der Angebote und vom Pluralismus der Ideologien angemacht und angesprochen. Philosophen sagen, Wahrheit sei die Übereinstimmung mit der Wirklichkeit, der wir begegnen in der Welt. Macht dies uns einsichtiger und klüger? Da gilt: „Prüfet alles, das Gute behaltet", wie es Paulus in seinem Brief an die Thessaloniker (5,21) formuliert. Aber das übersteigt schon fast die Kraft unseres geistigen Unterscheidungvermögens.

Da kommt uns Gott entgegen. Er, der alle Wahrheit in sich hat, die ganze Wahrheit ist, teilt uns seine Wahrheit in und durch Jesus mit. Jesus ist Gottes Zuspruch seiner Wahrheit, die Offenlegung seiner Wahrheit. Wenn das Gesetz durch Mose kam, dann kommt im Neuen Bund die Gnade und die Wahrheit durch Jesus Christus (Joh 1,17). Dazu bekennt sich der Herr: „Ich bin die Wahrheit" (Joh 14,6). Das, was er ist, was er sagt, was er tut, ist also die volle Wahrheit, auf die wir uns einlassen und verlassen dürfen. Wer seine Stimme hört (Joh 18,37), der vernimmt Gottes Wahrheit; wer seine Wahrheit lebt, der kommt zu dem Licht (Joh 3,21) und erlebt, wie diese Wahrheit freimacht und freisetzt zur Freiheit der Gotteskinder (Joh 8,32). Der wird in seinem Denken, Reden und Tun evangeliumsgemäß, dem Herrn entsprechend. Auf einen solch wahrhaftigen Menschen ist Verlass. Mit einem so Vertrauenswürdigen und Redlichen lässt sich Gemeinschaft und Gemeinde auferbauen. Werdet deshalb zu Gehilfen der Wahrheit (3 Joh 8), durch und durch lauter und glaubwürdig!

■ Jesus: Ich bin das Leben. Das Schöpfungslied in Gen 2,7 weiß, dass Gott Erde von der Erde nahm, dem Menschen Gestalt gab und ihm den Odem seines Lebens in die Nase blies. Adam nannte er ihn, Mann aus

Erde, für die Erde bestimmt. Unser Leben ist ein aus der Erde genommenes und geschaffenes, ein geschenktes und verdanktes; deshalb ein anfangendes und ein endendes, ein eingegrenztes und begrenztes. Und doch ist es mehr: Leben vom Leben Gottes, Idee seiner Weisheit, Funke seines Geistes. Etwas von Gottes Unendlichkeit und von seiner Unsterblichkeit in sich tragend. Unser Leben also ein Ganzes aus Erde und Himmel! In dieser Spannung leben wir: Wir leben vom Brot der Erde (Dtn 8,3) und leben doch nicht vom Brot allein (Mt 4,4); wir leben in der Welt (sie ist uns aufgegeben) und doch nie ganz von der Welt; wir verlangen über sie hinaus. Das ist unser Heimweh und unsere Sehnsucht – nach Leben, nach Leben mit all seinen Möglichkeiten, nach Leben in Fülle, nach ewigem Leben (Joh 3,15).

Wir wissen, wie schön das Leben hier schon sein kann. Wie ein ausgestreutes Füllhorn, ein bunter und köstlicher Gabenteller, Schönheit und Herrlichkeit einer wunderbaren Schöpfung, der Kosmos, der den Schöpfer lobpreist. Wir wissen aber auch, dass die Schöpfung, noch im Werden, nicht vollendet ist und in Geburtswehen liegt, auf das Kommende und Vollendete sich ausstreckend. Leben ist es, das angefochten, versucht, gefährdet ist, auch vom Tod gezeichnet, von Tränen und von Trauer. Deshalb stürzen sich viele auf tägliche Habseligkeiten, um sie zu erhaschen, auf ein bisschen Tingeltangel und Augenblickslust der Spaßgesellschaft; je gieriger davon genossen, desto fader und überdrüssiger wird deren Genuss.

■ Jesus weist mit seinem Anerbieten „Ich bin das Leben" in das erfüllende und bleibende Leben. Der Weg dahin ist zwar schmal und eng und steil. Und er geht immer über das Sich-selbst-Vergessen und über das Verlieren. Aber der Gewinn ist übergroß: Wer mich findet, spricht Jesus, der hat das Leben (Joh 20,31): das Wasser, das Brot, den Wein, das Licht, den Frieden, meine Treue und meine Liebe. Schon jetzt ein Vorgeschmack des Himmels und seiner Glückseligkeit! Durch Jesus, der das Leben ist, entkomme ich dem Tod, dem ewigen.

Wählen wir also, ergreifen wir das Leben, dazu wir berufen sind, ermutigt uns Paulus. Der weiß es, weil er es selbst erfahren hat. – Unsere Entscheidung ist eingefordert: Jesus nach, denn er ist der Weg; Jesus suchend, denn er ist die Wahrheit; nach Jesus hungernd, denn er ist das Leben, er allein!

LIEBE AUF DEM PRÜFSTAND (Joh 14,15-21)

■ Manchmal braucht's nur einen Satz, einen Gedanken. Er springt uns an, er berührt uns, er lässt uns nicht mehr los, er treibt uns um. Wenn's dazu noch ein Wort Jesu ist, umso mehr, umso wichtiger, umso bleibender. „Wenn ihr mich liebt, werdet ihr meine Gebote halten" (Joh 14,15). Das ist ein Wort aus den Abschiedsreden von Jesus, sein Vermächtniswort an seine Jünger, für seine Gemeinde. Zum Bedenken und zum Behalten.

■ „Wenn ihr mich liebt ..." Natürlich, klar, selbstverständlich!, möchten wir eilig antworten. Aber ist dem wirklich so? Wir erinnern uns doch, wie wenig tief unsere „Liebelei" meist ist. Oft nur eine fromme Tradition, ein Absolvieren des Gewohnten. Nicht die bewusste und entschiedene Liebe, die Jesus verdiente. Ein Anflug nur von Liebe. Nicht Liebe in ernsthafter Konsequenz. Aber Jesus meint es ernst: „Wenn ihr mich liebt ..."

Liebe ist eine leidenschaftliche Kraft (vgl. Hld 8,6). Liebe ist die ganze Kraft der Seele und des Herzens (Mt 22,37). Liebe meint unser ganzes Menschsein mit Zuneigung und Zuwendung. Diese Liebe, die hingerichtet ist auf das Du, die vernarrt ist in das Du, die diesem Du folgt, wohin es auch geht, die diesem Du auf Gedeih und Verderben folgt. Diese Liebe ist Hingabe an das Du, sinnlich, mit allen Sinnen. Nehmt mir eine solche Sprache nicht übel; es ist die Sprache der Mystiker, die wir in ihrer Sinnenhaftigkeit vergessen und verloren haben. Liebe ist einfach so verströmend, so maßlos, sonst wäre sie keine Liebe. Verrückt, ich weiß! „Wenn ihr mich liebt ..."

Liebe ist eine tragfähige Kraft. Sie nimmt den anderen auf und nimmt um seinetwegen viel, alles auf sich. Wie oft Leiden, Entbehrung, Not. Auch das schmerzliche Warten und Heimweh. Sie kann um des Geliebten willen Abschied nehmen vom Bisherigen, zurücklassen und das Wagnis um seinetwillen eingehen. „Sie erträgt alles, ... hält allem stand" (1 Kor 13,7), wird die Liebe im Hohenlied gelobt. „Wenn ihr mich liebt ..."

Liebe ist eine treue Kraft. Sie hört nicht auf (1 Kor 13,8), sonst hätte sie nie richtig angefangen. Einmal Ja gesagt, für immer Ja gesagt! Sie hat etwas von der Ewigkeit Gottes in sich (trewe = Treue = ewe). Allen Anfechtungen, auch der Abnutzung und der Müdigkeit kann sie widerstehen. Sie hat die

Kraft in sich, der Sterblichkeit (und wie ist unsere Liebe sterblich!) zu wehren und sich immer wieder zu erneuern. Das Standhalten und das Aushalten ist ihr Signum. „Wenn ihr mich liebt …"

■ „… werdet ihr meine Gebote halten." Vielleicht haben wir etwas ganz anderes erwartet: Werdet ihr mich umjubeln, werdet ihr mich umarmen, werdet ihr mich küssen. Nichts von alledem. Es geht Jesus offensichtlich nicht um unsere Emotionen. Es geht ihm um Schlichtes, fast Nüchternes: Er erbittet unsere Antwort auf die erfahrene Liebe Gottes; diese Liebe zu erwidern, indem wir Jesu neues Gebot halten, seine Weisung an uns, sein Lebens-Angebot. Darin zeigt und erweist sich der Jünger: Seinen Ruf immer wieder neu zu hören und anzunehmen, ihm auf seinem Weg – und das ist ein Kreuzweg – zu folgen. Zu lernen, von uns abzusehen und ihn in der Mitte unseres Lebens zuzulassen.

Darum geht's Jesus, dass wir mit ihm die Menschen suchen gehen, um Verlorene zu finden, Verletzte zu heilen, Schuldiggewordenen Barmherzigkeit zu erweisen, Resignierten und Verzweifelten den liebenden Vater-Gott zuzusprechen. Das will Jesus, dass wir eine bessere Welt schaffen helfen in Freiheit, Gerechtigkeit, Wahrhaftigkeit und Frieden. Darin der Mensch wieder Mensch sein kann und die Kinder eine Zukunft finden dürfen.

So zeigt sich unsere Liebe zu Jesus, wenn wir – wenigsten im Abbild – seine Liebe als Dienst und Hergabe zu leben versuchen und sie anerkennen als die zentrale Kraft unseres Menschseins und jeglicher Evolution (nach Teilhard de Chardin, 1881-1955). Denn nur die Liebe Gottes bringt Rettung und Heil. Und wir Menschen dürfen sie austeilen.

7. OSTERSONNTAG
ICH BRINGE MEIN LEBEN VOR GOTT (Joh 17,1-11a)

■ Der Herr betet. Er bittet für seine Jünger und vertraut sie in der Abschiedsstunde der Sorge Gottes an. Für Jesus ist das Beten der ständige Dialog, die Begegnung, die Beziehung mit seinem Vater. Ihm sagt er alles, vor ihn bringt er sein Herz, von ihm erfragt er Weisung, ihm übergibt er sein Leben. Von Jesus können wir das Beten lernen: So sollt ihr beten …

■ Beten: Ich bereite mich für Gott. Wir sollten nicht so ins Gebet hineinstolpern; eine Begegnung, und eine liebende vor allem, will bedacht, will bereitet, will bewusst vollzogen werden. Der betende Jesus – und er ist für uns die gültige Anleitung zum Beten – hat bestimmte Orte zur inneren Einkehr, seine vertrauten Gebetsplätze, die Synagoge und überall, inmitten von Gottes Schöpfung. Er bevorzugt die Ruhe und Stille, die Einsamkeit: Er mit dem Vater allein. Er geht auf den Berg, wo er Gott ganz nahe sein kann. Oft bleibt er die Nacht über im Gespräch mit Gott, er verweilt in seiner Nähe. (Vgl. Mk 1,35 / Mt 14,23 / Lk 6,12) – Was Jesus nicht mag beim Beter, ist die religiöse Zurschaustellung, ist die Geschäftigkeit in und mit dem Gebet. Die Heuchler und Eitlen, die Plapperer und Viel-Wortemacher gehen an Gott vorbei; sie berühren ihn nicht, und werden auch nicht von ihm berührt (vgl. Mt 6,5); ihr Gebet geht ins Leere. Weniger und wesentlicher ist offensichtlich mehr. Der Vater im Himmel weiß ja schon, wessen wir bedürfen (Mt 6,8).

Für uns gesagt: Das Beten ist eine Äußerung der Liebe. Liebe braucht Zeit. Diese Zeit müssen wir uns nehmen wollen, aussparen, verfügbar machen; da ist schon gar nichts an Zeit vertan. – Liebe will sich bereiten – für den, dem wir begegnen wollen, für das Du, in der Erwartung, in der Sammlung, in der Stille, im Hineingehen zu mir und im Hingehen zu ihm (meditari). Ein geistlicher Lehrer sagt: Solche Vor-Bereitung sei bereits Gebet, noch bevor das Gebet begonnen hat.

■ Beten: Ich spreche mit Gott. Alles gute Sprechen – das wissen wir vom Sprechen miteinander – beginnt mit dem offenen und schweigenden Hören auf den andern. Wer gleich loslegt mit dem Reden, der deckt den anderen zu, kann ihn gar nicht an- und aufnehmen. So ist das auch vor Gott. Vor ihm bin ich, vor dem unbegreiflich großen Gott, der mir doch so nahe ist, der in mir wohnt und mich umfängt. Ihm darf ich begegnen, und er hat mir etwas zu sagen. Oft denke ich, das entscheidende Gebet ist, Gott zu bitten, dass er zu mir spricht, bevor ich mit meinem Wort beginne.

Aber dann können wir auch zu ihm sprechen. Wir dürfen ihm alles sagen, was uns bewegt und beschäftigt, alles, was mit uns umgeht und uns bestimmt. Wir dürfen unsere Lebenserfahrung ins Gebet bringen, unsere Freude und Not, unsere Schuld und Gnade. Dazu sind wir von Jesus ermutigt worden, weil wir Gottes Kind sind und in seiner Sorge sind. Wir dürfen unser Leben in Gottes Liebe hineinhalten, ungeschützt und wahrhaftig. Und wir können's tun mit einfachem, kindlichem, oft auch mit bettelndem Wort. Gott hört uns, Gott nimmt uns an, Gott hält uns aus. So wie wir sind, dürfen wir vor ihm sein.

Für uns gesagt: Wenn wir beten, gehen wir in den göttlichen Bereich. Wir klopfen an Gottes Tür und bitten um Einlass. Im Glauben erhoffen wir: Er sieht uns und hört uns, und wir dürfen ihm begegnen (vgl. die Geschichte vom Bauern mit dem Pfarrer von Ars). Und das sollte nicht genügen! Das wesentliche Gebet wird immer dieses sein: Wenn wir Gott alles geben, alles übergeben, alles übereignen: Nur Du und immer wieder Du. Tu Du, was Du mit mir vorhast!

■ Beten: Ich bin in Gott. Dieses Gebet führt zu einer inneren Freiheit, Weite, Geborgenheit. Wir wissen uns von Gott angenommen, geliebt und bejaht, selbst noch in unserem Schuldiggewordensein. Beim Beten dürfen wir es erspüren: Wir sind in Gott, und er ist in uns. Immer antwortet er uns (auch wenn wir oft meinen, er schweige), indem er uns seinen Lebensodem einhaucht und unsere Seele beatmet. Und sie atmet wieder und lebt. – Im Gebet erfahren wir, wer und wie Gott ist: Leben in Fülle, Lebendiger und Lebenschenkender. Wir erahnen ebenso, wer in Wirklichkeit wir sind: Menschen, die in einer Urbeziehung zu Gott stehen und diese Rückbindung, diese Religion (religare = zurückbinden) durch das Gebet brauchen, ja, in einer großen Sehnsucht darauf angelegt sind. Ohne ihn vermögen wir nicht zu leben. Das bleibt so, auch wenn wir im Gebet „Umsonsterfahrungen" machen müssen, wenn Gott unsere Bitte nicht erhört und anderes für uns bestimmt hat, als wir in unserem „Eigensinn" wollten. Im Gebet, im Uns-hinein-Beten in ihn, geht uns auf, dass er keinen Fehler macht, dass er alles zu unserem Besten und zu unserem Heil fügt und führt (Röm 8,28).

Für uns gesagt: Jedes redliche und vom Geist Gottes bestimmte Gebet ist eine Äußerung unseres Glaubens. So viel wir Gott liebhaben, so sehr treibt es uns zu ihm. Liebende suchen die Nähe des geliebten Du, die Gemeinschaft mit ihm, den Austausch miteinander. Das Gebet der Liebe verändert dann unser Leben. Aus der Beziehung mit Gott wird manches in unserem Leben unwichtig, anderes gewinnt an Gewichtung und Wichtigkeit. Und wir selbst gewinnen beim Beten dazu – je absichtsloser, desto mehr: Etwas vom Licht Gottes, dem wir begegnen dürfen, etwas von seiner Liebe, die wir erfahren, etwas von seinem Leben, das er uns schenkt. Der Mensch, der kniet und betet, der ist wahrhaft groß (überliefert von Papst Johannes XXIII.).

CHRISTI HIMMELFAHRT
ICH BIN BEI EUCH ALLE TAGE … (Mt 28,16-20)

■ Wir wissen nicht genau, wie das mit dem Abschied Jesu gewesen ist. War sein Abschied bereits mit seinem Kreuzestod gegeben? Hat er von den Seinen erst Abschied genommen nach seinen österlichen Erscheinungen und Begegnungen mit ihnen? Wie auch immer. Für die Jünger Jesu war es sicher eine berührende, eine erschütternde Stunde. Drei Jahre sind sie mit dem Wanderprediger durch Galiläa und Judäa gezogen. Haben ihn erlebt als Lehrer und Prediger, als Wundertäter und Heilender, als ein wunderbarer Mensch mit einer Ausstrahlung und Überzeugung, haben ihn erfahren als ein Gottnaher und Gotterfüllter. Wirklich, wer ihn sah, hat Gott gesehen; wer ihn hörte, hat Gott gehört; wen er berührte, hat Gott berührt. Und jetzt sollte er von ihnen gehen, sie allein lassen. Sie haben mit Recht gefürchtet, ihre Mitte zu verlieren, ihre innerste Sammlung und Einung, ihr stärkendes Leben, ihre faszinierende Liebe. So stabil waren sie nicht, ohne Jesus auskommen zu können. Im Ernstfall ihres Glaubens sind sie auseinandergeflohen. Noch immer zweifeln einige nach wie vor, ob das wohl stimmte mit der Auferstehung. – Aber trotz allem: Der Augenblick des Abschiednehmens ist da. Noch ein paar von Jesus autorisierte Anweisungen für ihren Dienst an den Menschen, sein konkreter Sendungs-Auftrag: Geht, verkündet, tauft! Und als Jesu letztes Wort, als seine bleibende Zusicherung – mit diesem Wort schließt das Matthäus-Evangelium: „Seid gewiss, ich bin bei euch alle Tage bis zur Vollendung der Welt" (Mt 28,20).

■ Dieses Jesus-Wort ist keine billige Vertröstung, keine augenblickliche Überbrückung für die neue Situation. Die Jünger können sich darauf verlassen: Der Herr bleibt bei ihnen: Wo immer sich zwei, drei Menschen versammeln in seinem Namen, da ist er mitten unter ihnen da (Mt 18,20). Wenn Jesus das Ursakrament ist, dann ist christliche Gemeinde das Grundsakrament der Gegenwärtigkeit und Wirksamkeit Jesu Christi. Jedem, der hier zusammenkommt, wird er begegnen, wird er sein Leben anbieten im Wort und im Brot, wird er Menschen einen und sie zurüsten für ihre Sendung in die Welt hinein. Deshalb können wir Kirche nicht übergehen wollen: „Jesus ja, Kirche nein!" Jesus hat sich in diese Gemeinschaft, auch wenn sie oft „armselig" ist, hineingelassen und wirkt durch sie gerade in ihrer Schwachheit, auch heute. Das „Ich bin bei euch" wird dann in der Gemeinde hörbar erfahren, nicht mehr unmittelbar durch Jesu Stimme und Wort, wie damals. Dennoch mittelbar, indem wir das später Niedergeschriebene lesen, zusprechen, hören, bedenken, deuten. Wenn es so gesagt werden darf: Das tiefgefrorene Wort will aufgetaut werden – durch unsere Offenheit, durch unser Interesse, durch unser Bemühen (man redet nicht umsonst von „Bibelarbeit"). In diesem seinem Wort ist Jesus da – uns meinend, uns frohmachend, uns weisend, uns belebend. Sein Wort kann auch heute Menschen zur Begeisterung und zu seiner Nachfolge erwecken. Wer also Jesus ernsthaft suchen will, der lasse sich regelmäßig mit der Bibel ein. Jesus lässt sich finden, er, der für uns Weg, Wahrheit, Leben ist.

■ Jesu lebendige und lebenvermittelnde Zeichen sind in den Sakramenten verborgen, in jenen sieben (Zahl der Fülle) und mehr „Lebensmitteln", in seinen Mitteln zu unserem Leben. An Schnittpunkten unseres Lebens werden sie uns seitdem gereicht; weit weg von Magie, Talisman und Absicherungen für alle Fälle. In der Taufe hat uns Jesus hineingenommen in seine tiefste Mitte und auf seinen Weg. In der Eucharistie feiert er mit uns sein Mahl, seine Ver-Mählung, und gibt uns Gemeinschaft mit ihm und unseren Brüdern und Schwestern. Sein heiliges Brot ist für uns Kraft im Unterwegssein und Unterpfand, das große Versprechen, einmal beim Hochzeitsmahl des Himmels dabeisein zu dürfen. Bei uns ist Jesus in seiner Versöhnung (warum eigentlich suchen wir ihn da so wenig?). Bei uns ist er in der Firmung, in der Bestärkung durch Gottes Geist mit seinen Gaben. Bei uns ist er in unseren Krankheiten mit seiner Aufrichtung und Heilung.

Bei uns ist er für die ehelichen Menschen im Sakrament der Liebe, der Treue, des Bundes. Und bei uns ist er für Menschen im priesterlichen und klösterlichen Dienst im Zeichen der Weihe und Sendung. – Jesus ist da, für uns da. Wann nur nehmen wir ihn wahr, wann nehmen wir ihn in Anspruch?

PFINGSTSONNTAG
KURZBIOGRAPHIE DES HEILIGEN GEISTES
(Joh 20,19-23)

■ Vorweg gesagt: Wer sich mit dem Heiligen Geist Gottes einlässt, der lebt gefährlich. Er, der Beweger und Erneuerer, krempelt Menschenherzen um, bekehrt, verwandelt, macht zu einer neuen Schöpfung – von Hasenfüßen zu bezeugenden Jüngern, vom verfolgenden Saulus zum verkündigenden Paulus. Wer jedoch mit ihm nichts zu tun haben will, der mache wie gewohnt seinen Pfingstausflug ins Grüne: Er wird als der alte Mensch zurückkehren, ohne Geist-Einsicht, ohne Geist-Erfahrung, ohne Geist-Berührung. Er hat sich um die Chance gebracht, Gottes innerstem Leben zu begegnen und daran zu gesunden.

Heiliger Geist, was ist das? So fragen selbst Jünger Jesu in der Gemeinde Ephesus (Apg 9,2). In der Liturgie und Verkündigung der Kirche kommt dem Heiligen Geist bis heute nur ein einziges Fest, Verehrung und Danksagung zu – am Pfingsttag. Eigentlich viel zu karg, wenn wir bedenken, wie effektiv der Heilige Geist in der Heilsgeschichte wirkt und was er bewirkt.

■ Heiliger Geist wird über dich kommen (Lk 1,35) mit seiner Zeugungs- und Lebenskraft. Die Menschwerdung Gottes ist Geisteswirken im Schoß Mariens. Er ist der Lebensbewirker und überbringt der jungen Frau alle Gnade, die Gott schenken kann. Sie wird zum Tempel des Heiligen Geistes, in dem er wohnt, zum Gefäß, das den Heiland der Welt aufnimmt und birgt. Heiliger Geist will auch über uns kommen und in uns hineinkommen, damit wir Christusträger werden, gestärkt mit seiner Kraft, hinein in unsere Zeit und Welt, die nach dem Retter schreit, ob sie es weiß oder nicht.

■ Heiliger Geist identifiziert den Jesus von Nazareth im Jordan als Sohn Gottes. Er ist mehr als das Blumenkind, mehr als der gute Mensch, mehr als der Heiler. Mit dem Vater im Himmel ist Jesus so eins, dass, wer ihm begegnet, Gott selber begegnet. „Das ist mein geliebter Sohn, an dem ich Gefallen gefunden habe" (Mt 3,17).

Der Himmel hat sich ebenso über uns geöffnet. Söhne und Töchter Gottes sind auch wir geworden bei unserer Berufung, bei unserer Taufe. „Christ, erkenne deine Würde!" Wir sollten dies nie vergessen und daraus zu leben versuchen.

■ Heiliger Geist treibt Jesus anschließend in die Wüste, in die Unwirtlichkeit, in die Einsamkeit, wo er den Widersacher trifft, der ihn von seinem Auftrag abbringen will. Jesus aber widersteht: „Weg mit dir!" (Mt 4,10) Er hat die Prüfung bestanden, ist im Auftrag bestätigt.

Wir dürfen vertrauen, dass der Geist Gottes auch für uns einstehen und uns beistehen wird gegen Anfechtung und Versuchung. Er trägt Sorge, dass wir im Glauben an Gott bleiben im Bekenntnis vor den Menschen.

■ Heiliger Geist ist dynamisch und erstaunlich wirkend: Bis ans Ende der Erde ziehen die Zeugen in seinem Geist und in seiner Ermutigung nach Athen und Rom und überall hin. Immer neu erweckt er Propheten und Prediger, die Großtaten Gottes den Menschen auszurichten, für das Recht Gottes und für die Gerechtigkeit der Menschen einzutreten.

Das ist wieder für uns heute gesagt: Der Geist von oben ist der wahre Geist, der Geist der Unterscheidung, damit wir unter dem Abwegigen den rechten Weg wählen. Und der Geist der Stärke, dass wir in unserer Zimperlichkeit nicht nach dem Buchstaben des Gesetzes leben, sondern in der befreienden Freiheit der liebenden Kinder Gottes.

■ Wenn das nicht atemberaubend ist! Die Geschichte unserer Kirche ist die Geschichte des Geistes Gottes. Von ihm gerufen und zusammengebracht, seine Kreatur. Vom Geist Gottes korrigiert und erneuert und nur lebend durch sein Lebensprinzip. Manches bringt er in der Kirche durcheinander, vieles mehr ordnet er und initiiert er zu Neuem. Immer ist er gut für Überraschungen (bei Papstwahlen, durch entdeckte Charismen und christliche Bewegungen).

Großartig und ermutigend, dass er weht, wo er will, nie lässt er sich eingrenzen oder einschließen. Seine sieben Gaben und mehr bringt er mit. Beschenkt werden damit die, die dafür ihr Herz öffnen. Pfingstliche, geistvolle Menschen sind sie, von seinem Glanz.

PFINGSTMONTAG
GEIST VON GOTT (Joh 15,26-16,3.12-15)

■ An Pfingsten feiern wir Gottes innerstes Wesen, Gottes Leben, Gottes Geist, der damals die Gemeinde Jesu ergriffen hat und uns heute neu ergreifen und beleben will.

Gott, Gottes Geist, ist groß und mächtig, ist schön und gewaltig, ist gütig und vollkommen: ganz Licht, unendliche Liebe, bleibendes-erfüllendes Leben. Nicht zu fassen für uns, nicht ins Wort zu bringen, unsagbar und unbeschreiblich. Wir können Gottes Geist nicht sehen, nur erahnen, nur erspüren, nur in seinem Wirken und in seinen Auswirkungen erfahren. Deshalb können wir ihn auch nur in Bildern ausdrücken und im Bild zu deuten versuchen.

■ Geist von Gott, du bist Glut, bist züngelnde Flamme, bist loderndes Feuer. Geist von Gott, du verbrennst Unrat und Böses in uns. Du erleuchtest unsere Finsternis und erhellst unsere Nacht. Du fachst an das noch Glimmende in uns, unsere Müdigkeit, Halbherzigkeit, Unentschlossenheit, Lauheit. Du erwärmst das Eisige und Erkaltete in uns, das Herz, das nicht mehr lieben kann oder will. Du steckst uns an, dass wir nicht nachlassen in unserer Berufung und „Feuer und Flamme" werden für Gott und seine Sache. Du willst uns zum Licht machen für viele Menschen.

■ Geist von Gott, du bist Atem, Wind, bist Sturm. Geist von Gott, du erweckst das Leblose, erweckst uns Tote auf mit deinem Odem: „Es werde!" Das Sterbliche darf aufstehen und auferstehen zu einem neuen Ostern. Du bringst den Regen, das lebendige und lebenerweckende Wasser auf unser ausgedörrtes Land. Du trägst den Samen und streust ihn aus in den offenen Boden unserer Seele. Du vertreibst das bedrohende Gewölk des Zweifels und der Schwermut. Du kühlst die Hitze und die Überhitzung des Gemütes und kannst Aufgebrachtes ruhig machen. Du fegst das Alte und Morsche weg, auch unsere Schuld und rufst in uns herauf Blüte und Frucht, die Gaben Gottes. Du wehst, wo du willst, treibst uns an, triffst uns, bewegst uns – zu Neuem.

■ Geist von Gott, du bist Versöhnung und Frieden. Geist von Gott, du kommst von oben wie eine weißgeflügelte Taube. Du bist Gabe und Gnade, unverdient geschenkt. Du senkst dich in uns hinein und nimmst von uns Besitz: Mein bist du, meine Tochter, mein Sohn. Du erfüllst uns und verwandelst uns; unser Herz kann lieben und wieder gut sein. Du machst uns zu Jüngern des Friedens, überall das göttliche Gut hinzutragen zu Menschen guten Willens. Du willst, dass unsere Erde befriedet wird, frei von Hass und Neid, befreit von Gewalt und Vergeltung, erlöst von Terror und Krieg, dass Menschen miteinander leben können in deiner Menschlichkeit und Menschenfreundlichkeit.

■ Geist von Gott, du bist Wort und Sprache und Verstehen. Geist von Gott, dein innerstes Geheimnis teilst du uns mit im menschgewordenen Wort, in Jesus, dem „Ja Gottes" zu uns. Durch Menschen sprichst du uns an, in jeder Situation unseres Lebens, in der großen und kleinen Geschichte, die wir erleben. Du löst unsere Sprachunfähigkeit und Stummheit, welche uns von anderen isoliert und uns unfähig macht zum Dialog, zum Zusammenleben. Du bringst über's Wort und durch die Sprache Menschen wieder zusammen, versöhnst das Getrennte, einst das Verschiedene, rufst Liebe hervor. Du erweckst durch deinen Anruf Seher und Propheten und willst, dass unsere Sprache zum Zeugnis wird, Jesus heute den Menschen zu verkünden und ihn vor der Welt zu bezeugen. In der Sprache der Liebe und Barmherzigkeit ist er da und wirkt auch in unseren Tagen Wende und Wunder.

Der Jahreskreis

EIN MENSCH, DER GOTT GEFÄLLT (Mt 3,13-17)

■ Jesus, einer von uns , stellt sich der Bußtaufe des Johannes. Er reiht sich ein in die Schar derer, die ihr Versagen und ihre Schuld erfahren haben, solidarisch mit ihnen. Er weiß, dass das Reich Gottes nur über die Menschen in die Welt kommt, die umkehren von ihrem bislang selbstbestimmten Weg. Die sich bekehren zum Gebot Gottes, das zum Leben weist.

Jesus lässt sich untertauchen in das Wasser des Jordan, obwohl der Täufer Johannes sich anfangs sträubt, am Größeren und Gottgesandten den Ritus zu vollziehen. Zeichenhaft übergibt Jesus die stellvertretend auf sich genommenen Sünden der Welt, alles Belastende und Böse und Unmenschliche, in den Fluss, damit der es wegspüle und fortschwemme. Das ist die Gerechtigkeit, die Gerechtmachung durch Jesus, die Gott einfordert: Eine neue Ausrichtung auf Gott und eine bewusste Anbindung an Gott. Jesus vollzieht und lebt diese – uns allen zum Vorbild und zur Rettung.

■ Die Antwort Gottes darauf, wieder in Zeichen, die der Deutung bedürfen. Über einen solchen Menschen öffnet sich der Himmel in seiner Klarheit und Lichtheit. In einem so an Gott Gebundenen zeigt sich Gott, offenbart sich Gott, wirkt Gott. Jesus wird zurecht Sohn Gottes genannt. Wem er begegnet, der sieht und erfährt Gott selber, seine Versöhnung, sein Leben, sein Heil. Menschen sind davon zwar erschüttert, sie fürchten sich, wenn sie in Jesus Gottes verändernde Kraft erleben, sind aber doch auch zutiefst berührt, wenn sie in Jesus Gottes Liebe geschenkt bekommen. In Jesus hat sich wirklich der Himmel an unsere arme Erde gebunden. Durch ihn ist die Verbindung von Gott zum Menschen wieder hergestellt. Und wir können hinüberkommen in das Land unserer Sehnsucht und unseres letzten Heimwehs.

Das Symbol der Taube – sie kommt herab auf Jesus – ist das wirkmächtige Bild für Gottes Geist, für sein Leben, für seine Liebe, für seine Freude, für seinen Frieden. Dieser Geist ist die Zurüstung für die Sendung Jesu. In diesem Geist ist er gesandt zu den Wartenden und Bedürftigen, zu den Kranken und Erbarmungsbedürftigen, zu den Suchenden und Schuldiggewordenen. Durch diesen Geist wird er Gott den Menschen verkündigen, die zerbrochenen Herzen heilen, die im Jammer sind trösten, die Gefallenen aufrichten, den unter ihren Sünden Leidenden vergeben und Mut zusprechen. Im Zeichen der Taube ist Jesus der Friedensträger, der Friedensbringer, der Friedensstifter Gottes für eine Welt, die zu jeder Zeit dieses Gottesgeschenk braucht.

Die Stimme schließlich – Jesus hört sie wohl nur selbst – ist die Bestätigung, ist die Autorisierung Gottes für ihn wie eine Berufsweihe, Berufseinweihung, Berufseinweisung. Ja, dich habe ich erwählt und gesendet, das Heillose zum Heil, das Traurige zur Freude, das Verlorene zur Rettung, das Tote zum Leben zu bringen. Du bist mein Sohn, der Erbe meines Wohlgefallens, das Kind meiner Liebe, weil du mich ehrst durch dein Leben.

■ Die gute Nachricht für uns: Über jedem von uns hat sich bei der Taufe der Himmel geöffnet. Bürger dieser Erde sind wir, geerdet, und doch mehr, viel mehr: Für den Himmel bestimmt, im Himmel festgemacht. Nicht hier eingesperrt und angekettet. Immer berufen zu mehr. Und immer unterwegs zu Gott, der offen ist für uns, uns wohlgesinnt, uns rufend in sein Glück. Was hat doch unser Leben für eine Perspektive, für eine Zukunft!

Dann: Auch wir sind Geist-Beschenkte und Geist-Begabte. Ausgestattete, welche die Anlagen in sich haben, zu denken, zu forschen, zu entwickeln (und was hat doch der Mensch schon alles hervorgebracht und geschaffen!). Befähigte sind wir, die Geist-Gaben des Herzens einzubringen und zu verschenken, die Güte, den Frieden, die Freundlichkeit – im Abbild des heiligen Geistes Gottes.

Und jedes von uns darf ebenso die Stimme hören: Geliebt bist du! Ich habe dich angenommen. Ich trage deinen Namen, dich selbst in meiner Liebe; du bist mein Wunschkind. Wenn uns aber Gott so annimmt, dann hat unsere Lebenssendung seine Weihe.

Der Taufauftrag Jesu (Mt 28,19)
Ein Denkanstoß

■ Geht: Christliche Sendung hat mit Dynamik zu tun, mit Bewegung, mit Unterwegssein. Vom Sitzen und Verhocken keine Rede! Wir haben den Menschen eine Evolution und Revolution zu bringen: Den Umbruch und Aufbruch zum Leben in Jesus. Die Berührung durch ihn. Die Begegnung mit ihm.

So verstanden ist jeder Christ der Lebensträger, der Lebensüberbringer, der Lebensvermittler Gottes. Anders gesagt: Dort, wo wir hinkommen, muss das Leben zunehmen, das sinnvolle, das glückende, das erfüllende und bleibende.

■ Macht: Nein, nicht mit Macht und Gewalt. Christliche Mission ist, wenn sie nicht pervertieren will, immer die Überbringung der Menschenfreundlichkeit Gottes, seiner Großherzigkeit, seiner Weite und Freiheit. Macht diese den Menschen möglich! Denn nur so werden sie ansprechen und sich anmachen lassen von der Botschaft. Dann wirkt das Evangelium von selbst. Besonders dann, wenn die anderen das Glück der Gotteskindschaft an uns ablesen können, glaubhaft und überzeugend – durch die Liebe, die wir leben.

■ Tauft: Bringt Menschen in Gottes Nähe. Lasst sie erfahren, dass sich der Himmel über unserer Erde öffnet und Gott sich jedem zuspricht: Ich habe dich erwählt, mein Kind bist du! Erbittet Gottes heiligen Geist mit seinen Gaben auf die Taufenden herab: Neue Menschen sind sie in seiner Gnade. Und dann gebt Menschen auf den Weg Jesu. Es gibt keinen besseren, keinen, der so zum Sinn und zum Ziel bringt. Und seid jedem auch die geschwisterliche Gemeinschaft, die aufnimmt und annimmt, die begleiten und bergen will – den Bruder, die Schwester, die uns aufgetragen sind. Gemeinsam berufen dürfen wir als gesegnete Pilger unterwegs sein ins Land unserer großen Sehnsucht.

2. SONNTAG IM JAHRESKREIS
DIE OUVERTÜRE (Joh 1,1-5.9-14)

■ Das vierte Evangelium bringt keine Kindheitsgeschichte. Es beginnt wie eine Ouvertüre, in der bereits Melodien und Akkorde der ganzen Heils-Botschaft aufklingen: Herrlichkeitsmotive und Leidensmotive im Leben Jesu. Es ist ein Lied des Glaubens, ein Hymnus auf Gottes Größe und Macht. Da wird vom Anfang der Geschichte erzählt. Gott erweckt mit seinem Wort „Es werde!" das Leben, stößt Bewegungen an, bringt ungeheure Entwicklungen in Gang. „Und es ward" Himmel und Erde, die Elemente Licht und Wasser, Feuer und Erde entstehen. Zuletzt wird der Mensch gebildet; er empfängt den Odem Gottes und lebt, lebt als Gottes genialer Wurf und als sein Abbild.

Dann bringt Gottes Wort die Geschichte zu ihrem Höhepunkt. Es zeugt sich aus und wird Fleisch, menschliche Größe und Niedrigkeit in Jesus von Nazareth. Gott kommt herab und wird ein Menschenkind. Um uns ganz nahe zu sein, um sich mit uns einzulassen, um sein „Ja" für uns einzulösen. Jesus wird zum schönsten Wort Gottes. In ihm und aus ihm spricht Gott selber. Und wenn Gott spricht, dann kann daraus etwas werden. Schöpferisch lässt es etwas Neues und anderes entstehen.

Maria, die kleine Magd der Liebe Gottes, hat das erfahren. Durch Gottes Begnadung und durch ihre eigene Bereitschaft wird ihr Leben anders und angesehen und größer. – Die Hirten haben das erfahren. Seitdem sie dem Wort Gottes im Kind von Bethlehem begegnet sind, ist ihr Dasein anders und heller und größer geworden. – Die Stern-Suchenden haben das erfahren. Sie haben im menschgewordenen Wort Gottes ihre Mitte und ihre Verehrung gefunden; ihr Leben ist anders und wissender und größer geworden.

■ Seitdem erfahren es alle Menschen, die sich mit dem Wort Gottes, mit Jesus, einlassen und ihn einlassen in ihr Leben. Wem der Retter begegnet, dessen Leben wird anders, wird geheilt, wird größer werden. Schuld wird vergeben, Wunden werden gesunden, und wer am Boden liegt, der wird aufgehoben – zu neuem Gehen und Ausschreiten in eine gute Zukunft hinein. „Allen aber, die ihn aufnehmen, gibt er Macht, Kinder Gottes zu werden."

Darauf wird alles ankommen, dass wir aufs Wort Gottes, das uns zugesprochen ist, unsere Antwort geben. Es liegt wirklich nur an uns, an unserer Entscheidung und Entschiedenheit, ein Kind Gottes, ein Bruder oder eine Schwester Christi zu werden. An niemand anderem als an dir und an mir!

3. SONNTAG IM JAHRESKREIS
JESU ERSTE PREDIGT: KEHRT UM (Mt 4,12-17)

■ Erstaunlich, wie die Menschen sich daran noch erinnern. Offensichtlich hat die Predigt Jesu die Hörer angesprochen, gepackt, bewegt. Der Herr nimmt das Thema des Bußpredigers Johannes auf (Mt 3,2) – ihm hat man ja seine Stimme genommen und den Kopf dazu – und wird zum neuen Rufer Gottes: „Kehrt um! Denn das Himmelreich ist nahe" (Mt 4,17).

„Kehrt um!" Und wieder erstaunlich, die Mahnung gilt uns, nicht den andern. Unsere Groborientierung und -einstellung auf Jesus hin mag zwar stimmen. Aber es geht um die Feinorientierung und -einstellung. Sind wir wirklich auf Jesu Weg? Ihm nach, in allem? Konsequent und andauernd? Dann nämlich beginnt erst Jüngerschaft, dann erst unser Christsein, wenn wir nach Christus fragen, wenn wir uns an ihm ausrichten und uns von ihm weisen lassen. Dieses Umkehren oder Bekehren zu Jesus ist uns ein Leben lang aufgegeben. Wann wären wir damit schon fertig? Es ist eine Sinnesänderung, ein neues Denken, ein Sich-Abkehren von und ein Sich-Hinkehren zu und damit die Lebensveränderung.

Konkret: Ein Sich-Abkehren von nichtigen Dingen und ein Sich-Hinkehren zu bleibenden. Mit was allem bringen wir doch unsere Zeit herum, für was setzen wir unsere Kraft ein; doch für viel Krempel und Bagatellen, für Oberflächliches und Unnützes. Hier zu wissen, was notwendig und bleibend ist zu unserem Leben, wie reinigend und guttuend ist das! Wer sich immer wieder von Ballast und Verkettung entledigen kann, der hat die Chance, ledig, frei, offener für den Herrn zu werden. Das war auch die Bekehrung und die Befreiung für Franziskus von Assisi.

Konkret: Ein Sich-Abkehren von der Verliebtheit ins eigene Ich und ein Sich-Hinkehren zum Dienst und zur Hilfe für unsere Mitmenschen, für die, welche uns aufgegeben worden sind und die uns brauchen. Im Geben werden wir nicht ärmer. In der Zuwendung zum andern verliert sich manche Einsamkeit und Schwermut; schenkende Liebe erlöst.

Konkret: Ein sich abkehren von „Mietlingen", von allem, was religiöse Randerscheinung ist, und ein Sich-Hinkehren zum wahren „Hirten und Bischof unserer Seelen" (1 Petr 2,25). Unser Christsein ist Christus-bezogen und muss es bleiben; in ihm leben wir und sind wir. Er ist unser Heil, er unsere Heilung, er unsere Heiligung, und nichts anderes haben wir nötig.

■ „Kehrt um!" Es gibt noch einmal dieses Wort Jesu im Matthäus-Evangelium. Ein erstaunliches an einer Stelle, wo wir es nicht vermutet hätten. Der Herr gibt die Weisung: Kehrt um, bekehrt euch zum Kind, werdet wie sie! Sonst könnt ihr nicht ins Himmelreich kommen (Mt 18,3). Das Kind mit seinem Wesen, in seiner Art, mit seinem Leben – uns also zum Vorbild gegeben. Das Kind und das Kindsein wie eine unumgängliche Tür für uns, die direkt ins Himmelreich führt!

Kehrt um zum Kleinen und zum Kleinsein, heißt dies. Ein Kind sitzt noch nicht auf hohem Ross. Ist noch nicht aufgebläht und hochgestochen. Es erspürt, dass es angewiesen und abhängig ist, dass es lebt aus Zuwendung und Gabe. Ein Gleichnis: So seid ihr vor Gott, so verwiesen auf ihn und so bedürftig seiner Liebe. Vergesst dies nicht.

Kehrt um zum Kleinen und zum Kleinsein! Ein Kind schaut von unten nach oben, sieht hinauf – zum Größeren. Es gräbt noch nicht wie ein Maulwurf nach unten, sein Blick sucht den Himmel. Ein Gleichnis: Wechselt eure Blickrichtung – vom Habhaften hin zur großen Hoffnung, vom Irdischen zum unvergänglich Ewigen, zu dem Oben, zu Gott.

Kehrt um zum Kleinen und zum Kleinsein! Ein Kind hat noch ein bedenkenloses Vertrauen.

Wenn die Mama die Arme ausbreitet, wagt es seine Schrittchen. Wenn Papa da ist, springt es auch in die Tiefe, denn es wird gehalten. Ein Gleichnis wieder: Vom Kind sind wir ermutigt zu viel mehr Vertrauen, zum wagenden Glauben, zum unbegrenzten Zutrauen zu Gottes Fügung und Führung.

Kehrt um, bekehrt euch – zu einer neuen Hinkehr und Heimkehr in Gottes wunderbare Verheißung! Und macht damit schnell. Das Himmelreich ist schon da, mit Jesus ist es gekommen. Es will auch in uns ankommen!

4. SONNTAG IM JAHRESKREIS
FREUEN DÜRFEN SICH ... (Mt 5,1-12a)

■ Die erste Predigt Jesu hat das Thema: „Kehrt um! Denn das Himmelreich ist nahe." Am Lebensmodell und an der Lebensart Jesu – niedergeschrieben als acht Seligpreisungen in der Präambel des neutestamentlichen Grundgesetzes – sollen wir maßnehmen für unser Christsein, wenngleich diese Werte und Weisungen der üblichen, gängigen Allerweltsmeinung zuwiderlaufen. Für die meisten Zeitgenossen erscheinen sie sogar widersinnig, ja absurd. Dennoch: Wir müssen uns mit dem „Paradox Christi", mit dem „Entgegenstehenden" seiner Lehre und seines Lebens konfrontieren lassen, um uns damit auseinanderzusetzen.

■ Die Leute sagen: Nur her, was hergeht: Supergehälter und Nebeneinkünfte, Abfindungen und Gagen im Manegement. Und Wohlbefinden und Wellness, Spaß und Genuss für die Mittelschicht; nicht achtend, dass 15 % der Mitmenschen an der Armutsgrenze sind.
Jesus sagt: Freuen dürfen sich die Armen (das ist kein Vertrösterlein fürs Jenseits), die sich ein Herz bewahrt haben, das um sein Armsein weiß, um das Bedürftigsein vor Gott.
Die Leute sagen: Mach dir das Leben schön, denn morgen ist es vorbei! Deshalb giert man nach dem letzten Schrei. Nur nicht runterfallen, immer oben bleiben!
Jesus sagt: Freuen dürfen sich die, die trauern unter Tränen um Vergeblichkeit, in Abschieden, in der Schuld inmitten einer heillosen Welt.
Die Leute sagen: Nur nicht zu viel Rücksicht auf andere, boxe dich nach vorne! Nach oben buckle, nach unten trete! Und wenn dir einer im Weg steht, dann mobbe ihn weg!

Jesus sagt: Freuen dürfen sich die, die gutmütig sind, die mit verstehendem und wohlwollendem Herzen dem andern begegnen und für ihn da sind.

Die Leute sagen: Entscheidend, ich habe Erfolg! Egal, wie man dazukommt – auch über Lüge und Betrug, auch wenn man dabei einen anderen überfährt und kleinmacht.

Jesus sagt: Freuen dürfen sich die, die unter dem vielen Unrecht in der Welt leiden. Die sich leidenschaftlich für das Recht der Mitmenschen, vorab der Ausgegrenzten und Geschundenen und für die Sache Gottes einsetzen.

Die Leute sagen: Wohin käme man, wenn man überall helfen wollte? Nicht so viel Mitleid und Gefühlsduselei! Die meisten sind ohnehin an ihrer Situation selbst schuld.

Jesus sagt: Freuen dürfen sich die, die wissen, dass sie zuerst selber der Barmherzigkeit Gottes bedürfen – und dieses Erbarmen an andere weitergeben, damit auch sie das Leben haben.

Die Leute sagen: Wer ist denn schon sauber, lauter, redlich? Hauptsache, das eigene Gesicht wahren und die weiße Weste nach außen zeigen können.

Jesus sagt: Freuen dürfen sich die, die klar und offen zu leben versuchen gegen alle Lüge und Verschmierung. Und die die Suche nach dem Licht, nach Gott, niemals aufgeben.

Die Leute sagen: Terror und Kriege, das sind die andern. Wir können doch nichts ändern. Und beim Streit anderer mischen wir uns sowieso nicht ein.

Jesus sagt: Freuen dürfen sich die, die Brückenbauer und Versöhner, die Friedensträger und Friedensstifter sind, auch wenn sie dafür viel opfern müssen für eine bessere Welt.

Die Leute sagen: Der Glaube ist Privatsache. Öffentlich mischen wir uns da nicht ein. Sieh jeder selber zu! Ich bin für mich Christ.

Jesus sagt: Freuen dürfen sich die, die sich als meine Jünger zu mir bekennen. Sie werden zwar das mitleidige Lächeln und den Widerspruch der Welt erfahren, offen oder versteckt, auch Benachteiligung und Zurücksetzung. Ich werde sie bekennen vor meinem Vater.

■ Selig sind sie alle und glücklich zu preisen, zu gratulieren ist ihnen, wer immer zu leben versucht, wie Jesus gelebt hat – nach seiner ganz anderen, alles verändernden Botschaft, nach dem neuen Gebot seiner Liebe, das den Menschen erst zum Menschen macht. Gott liebt diese Menschen. Er selbst wird ihr Lohn sein.

WO EIN JÜNGER, DA EIN LICHT (Mt 5,13-16)

■ Ihr seid das Licht der Welt. Die Osternachtfeier in jedem Jahr – wir erinnern uns – setzt gleich zu ihrem Beginn ein vielsagendes liturgisches Zeichen. Nach dem Ruf „Licht Christi!" lassen sich die Mitfeiernden mit dem Licht der Osterkerze beschenken. Ihre Kerzen werden an der Flamme Christi entzündet. Die bislang dunkle Kirche erhellt sich immer mehr: Das Licht ist stärker als alle Nacht. Das ist Gleichnis und Zusage.

Wir selber werden hineingenommen in das Licht Christi, in seinen österlichen Glanz, in die Herrlichkeit seiner Auferstehung. Aufgrund des Glaubens kommen wir in die Berührung mit Jesus. Sein Funke springt auf uns über, seine Flamme erfasst uns, sein Feuer entzündet uns.

Angesteckt von ihm, in der Berührung mit ihm hängen wir am heiligen und göttlichen Feuer Christi. Im Energiefeld Christi werden wir selbst zu Erleuchteten und zu Leuchtenden, zu Erwärmten und Erwärmenden. Nein, nicht aus eigener Glut, immer aus der Kraft des gekreuzigten und auferstandenen Herrn. Das Heilszeichen hierfür ist die Taufe. Was ist das für eine Gnade, für eine Berufung: Kinder des Lichtes zu sein! Wo ein Jünger ist, da ist ein Lichtträger Christi, da ist eine Flamme des Herrn. Wären solche Feuer nicht, dann wüsste niemand im Dunkel von einem lichten Himmel!

■ Man zündet kein Licht an und stellt es unter ein Gefäß. Gott hat uns das Glaubenslicht gegeben, damit wir es anderen weitergeben – zum Erhellen und Erwärmen ihres Lebens. Nicht für uns selber, für die Schonecken unserer Frömmigkeit dürfen wir es behalten. Das Licht will hineinleuchten in diese Welt. Es will, sich selbst aufzehrend, die Finsternis der Gottferne, des Unglaubens, der Unmenschlichkeit ausleuchten und erleuchten.

Setzt dafür euer Licht, das Licht Christi ein! Setzt es ein, um die Herzen der Menschen licht und hell zu machen! Setzt es ein, um sie zu erwärmen und ihnen die Freude Gottes zu vermitteln! Jedes wohltuende Licht aus eurer liebenden Art, aus der Weise, wie ihr Menschen begegnet und ihnen gut seid, bezeugt Gott, seine Güte und Menschenfreundlichkeit, lässt etwas aufstrahlen von Gottes Glanz und Herrlichkeit. Das schönste Licht ist dabei immer, wie wir selber sind, was wir selber sind – durch unser verstehendes Wort, durch unsere helfende Hand, durch unsere Zuwendung, durch irgendein Lichtvolles, Warmes, das wir geben/weitergeben. Wie notwendend ist doch dieser Dienst des Licht- und Christusträgers, des Christophorus heute! Dann erst werden wir Lichter ansteckende und aufsteckende Christen sein; Wohltuende, die die Strahlen Gottes ausstrahlen!

■ Damit sie eure guten Werke sehen. Es geht dabei nicht um unsere eigene Eitelkeit und Angabe, nicht um den „guten Menschen von Sezuan", den wir betonen und herausstellen wollten. Stets gilt: Es „… soll deine linke Hand nicht wissen, was deine Rechte tut" (Mt 6,3). Darum geht's: Jesus sichtbar zu machen unter den Menschen, indem wir sein Licht und sein Heil (Licht ist in den Psalmen ein anderes Wort für Heil) bezeugen und ihn in seinem Gottes-Erbarmen den Menschen nahebringen – durch unser Gutsein, durch unser Leuchten, durch unsere Herzenswärme. Alles mit der Einstellung und Intention, dass die Menschen den Vater im Himmel lobpreisen, von dem jede gute Gabe kommt (Eph 2,8), das Licht, die Liebe, das Leben. Wir sollen „nur" Gottes Austeilende, Gottes Widerstrahlende sein.

■ Eine besondere Sendung hat die christliche Gemeinde – sie ist die Stadt auf dem Berg –, indem sie eins ist, eins wird, immer mehr: Diese Einheit wird ihr Licht und ihre Wärme sein (Joh 17,11). Erst dann kommt die Kirche zum Leuchten, erst dann sieht sie auch der noch Ferne im Aufleuchten: Eins mit Gott, eins mit den Geschwistern, eins mit den Armen. Wo immer aber die Stadt sichtbar wird, da gibt es auch (wieder) einen Aufbruch zu ihr hin. Für alle, die im Todesschatten sitzen, für alle, die aus der Finsternis verlangen nach dem Licht, für alle, die einen Ort suchen, in dem sie das Licht, die Aufhellung, die Erleuchtung für ihr Leben erfahren dürfen.

6. SONNTAG IM JAHRESKREIS
ICH ABER SAGE EUCH ... (Mt 5,20-22a.27-37)

■ Wer sich auf das Wort Jesu einlässt, wird den vorliegenden Text aus seiner Bergpredigt nicht als einen beruhigenden, sondern als einen provokati-
ven erkennen. In der Form sowohl als auch im Inhalt geht's an die Wurzeln
unseres Seins, dorthin, wo unsere inneren Einstellungen und Haltungen
herrühren. Gewiss, Jesus ist kein religiöser Fanatiker und kein enger Fundamentalist. Aber er wird deutlich, wenn wir meinen, in der Einhaltung der
Normen, denen des Staates und denen der Kirche, schon das Reich Gottes
zu besitzen. Er will auch nicht, dass wir die Gesetze aus Angst vor dem
eventuell strafenden Gott einhalten. Noch ist er zufrieden mit unserem
behäbigen Minimalismus: Ich hab noch kein Haus angezündet, noch keinen betrogen, noch keinen umgebracht!

■ Dem Bergprediger Jesus geht's nicht um den Buchstaben, um die nur
äußere Einhaltung des Gesetzes. Es geht ihm um die geistige Anerkenntnis
einer Ordnung und Anordnung und um deren redliche Umsetzung ins
Leben hinein. Es geht ihm um den Geist des Gesetzes, um dessen ursprüng-
lichen Sinn, um die neue Lebensform der freigekauften Kinder Gottes. Und
dieser Geist ist radikal, bis in die Wurzeln hinein hell und wahr.
Unzertrennlich verbunden mit dem Wort: „Seid heilig, denn ich bin heilig,
der Herr, euer Gott" (Lev 19,2). Daraus kommt dann die größere
Gerechtigkeit, die mehr verlangt als buchhalterische Beachtung des Rechts
und rechtliche Gesetzeserfüllung. Jesus schreibt sein Gesetz nicht auf stei-
nerne Tafeln, er schreibt sie ein in des Menschen Herz (Jer 31,3) und will,
dass es uns von unserer Mitte her bestimmt, dass es uns heilt und heiligt.

■ Noch deutlicher, ganz konkret: Wenn du des Geistes Kind bist, dann
wirst du nicht töten! Durch keine noch so verdeckte Form, auch nicht mit
Worten, nicht in Gedanken. Lernt, dass Mord viel früher beginnt, da nämlich, wo eure Wut den andern nicht dulden und nicht annehmen will, wo
ihr aneinander vorbeigeht, wo ihr nichts mit einander zu tun haben wollt,
wo ihr dem andern das nötige Brot für jeden Tag entzieht und ihn im Leben
nicht aufkommen lasst. Behaltet: Die Wurzel jedes Gesetzes heißt „Liebe".
Pflegt also euer Herz, aus dem jedes Handeln kommt, dass es gut sein kann.

Das Herz sieht recht und es sieht, dass über einen jeden, der Menschenantlitz trägt, die Hand Gottes ausgestreckt ist.

Jesus vertieft weiter: Wenn du des Geistes Kind bist, dann wirst du die Ehe nicht brechen. Es ist die Urabsicht Gottes, dass zwei Menschen, die sich vor ihm zusammengegeben haben, beieinander bleiben – ein Fleisch, ein Mensch geworden für immer und für jede Situation. Die Frau ist kein Objekt für Lust und Willkür des Mannes, sie ist gleichberechtigte Partnerin in ihrer Würde. Lernt, dass Ehebruch schon beginnt, wenn ein Gatte sich gehen lässt in seiner Zuwendung für den andern, wenn ihm nicht mehr am Leben und an der Lebendigkeit ihrer Gemeinschaft liegt, wenn er mit seiner Phantasie ins Streunen gerät, begehrt, was ihm nicht gegeben ist und in die Ehe eines anderen einbricht.

Und noch ein Verhalten spricht Jesus an: Wenn du des Geistes Kind bist, dann wirst du Vertrauen und Glaubwürdigkeit und Wahrhaftigkeit in die Gemeinschaft, in der du lebst, einbringen. Du wirst verlässlich sein und zu deinem gegebenen Wort stehen. „Sag deine Meinung, grad und schlicht, bleib bei der Wahrheit, lüge nicht!" (Langbehn, der Rembrandtdeutsche). Jesus ruft uns auf: Ihr braucht kein Beteuern und Beschwören. Wenn ihr Nein sagt, dann sei das ein Nein, wenn ihr Ja sagt, dann gilt dieses Ja, unverbrüchlich und unumstößlich. Die Wahrheit kann man nicht wahrer machen wollen durch einen Eid. Nur in dieser Lauterkeit und Ehrlichkeit kann Ehe, kann Familie, kann Gemeinde, kann ein Staatswesen gelebt werden und bestehen.

Ist Jesus nicht doch ein Fundamentalist? Vielleicht, aber im besten Sinn. Sein Wort erinnert an Dtn 30,15.19f: „Hiermit lege ich dir heute das Leben und das Glück, den Tod und das Unglück vor, Segen und Fluch. ... Liebe den Herrn deinen Gott, hör auf seine Stimme und halte dich an ihm fest; denn er ist dein Leben!"

Leben, nichts anderes als unser Leben, das ist das neue Gesetz des Geistes Jesu.

7. SONNTAG IM JAHRESKREIS
JESU NEUE VERHALTENSWEISE (Mt 5,38-48)

■ Der Herr kennt uns, durch und durch. Er weiß, wie es unter uns Menschen zugeht. Manchmal müssen wir uns angestrengt und lange überlegen, was denn die Meinungsverschiedenheit ausgelöst und wie der Streit unter uns angefangen hat. Oft durch eine Bagatelle, oft durch eine ironische Bemerkung, oft durch einen gereizten Tonfall. Und dann ist man sich in den Haaren. Nur drauf! Vom wehtuenden Nadelstich bis zum massiven Prügel. Nur drauf! Von Vorwürfen zu Beleidigungen, von Eifersucht zum Beziehungskonflikt, von Gehässigem zum Bruch, zum Abbruch der Gemeinschaft. Grausam, diese Eskalation – im kleinen und im großen, in unserer persönlichen Geschichte und in der Weltgeschichte.

■ Jesus durchbricht das uralte Gesetz der Vergeltung: „Für eine Wunde erschlag ich einen Mann!" (nach einem antiken Heldenlied) Er lehnt das Heimzahlen: „Aug um Aug, Zahn um Zahn" strikt ab, obwohl nach jüdischer Auffassung dies schon ein Regulativ war, den unkontrollierten Affekt und die unberechenbare Willkür unter Kampfhähnen einzudämmen: Gleiches „nur" mit Gleichem „auszugleichen" und zu „quittieren". Das ist für den Gewaltlosen, das ist für den Friedensbringer Gottes einfach zu viel, zu untermenschlich. Jesus will ein neues Denken, ein neues Handeln, ein neues Miteinander für uns, seine Jünger, die zwar allesamt keine Heroen sind, aber Menschen sein sollen mit Herz. Er möchte, dass uns Gottes Großzügigkeit ansteckt, dass uns Gottes Leidensfähigkeit bestimmt, dass uns Gottes Frieden ganz durchdringt und uns zum sanften Gesetz, zum Gebot seiner Liebe drängt. „Ihr sollt also vollkommen sein, wie es auch euer himmlischer Vater ist!" (Mt 5,48) Dazu gibt er uns durch sein eigenes Leben ein humanes Programm, seine Anweisung zu einem wirklich gemäßen menschlichen Leben. So an ihm ablesbar:

■ Setz dich mit dem anderen, mit dem Nächsten, mit dem, der dir begegnet, ernsthaft und redlich auseinander! Denk dich in ihn hinein. Er ist ein Mensch wie du. Steh ihm nicht vis á vis, stell dich auf seine Seite, in seine Nähe. Versuche, dich an seine Lebensgeschichte zu erinnern und daraus sein Verhalten zu verstehen. Wieviel Ängste und Aggressionen kommen wohl aus der Wurzel früherer Verletzungen, von fehlender Zuwendung, von unerfüllter Unzufriedenheit und mangelndem Selbstwertgefühl. Vielleicht ist er deshalb ein schwieriger, unbequemer, penetranter Mensch geworden. Wenn der Feinde hat oder sich immer wieder macht, dann ist dies für ihn eine Ersatzbefriedigung; er braucht den Kontakt, auch den negativen. Hier gilt es, auf das gängige Verhaltensmuster diszipliniert zu verzichten, wegzukommen vom „Wie du mir, so ich dir!" und die Geduld und Weitherzigkeit Gottes uns zu eigen zu machen (wieviel Schritte braucht's dazu!).

Dann eben nicht zurückzuschlagen (ich erinnere mich an den 1. September 1939 und an Hitlers martialischen Satz: „Ab heute Morgen 6 Uhr wird zurückgeschossen!", mit dem der furchtbare 2.Weltkrieg begann). Wir müssen vom Gegenschlag, von Vergeltung, von Rache völlig wegkommen. Nur so können wir Beziehungen und Begegnungen retten und den Frieden unter uns schaffen und bewahren. Lieber den Kürzeren ziehen wollen, als zur Waffe zu greifen. Mehr den Gegner oder Feind herausrufen aus Verkrampfung und Adrenalinstoß, dass er zu dem wird, was er noch nicht ist. Weg vom Vernichtungsmittel und zum Heilmittel greifen, weg vom Drohen mit dem Tod und die Eskalation zum Leben wählen. Nicht zurückschlagen, sondern einstecken; nicht vergelten, sondern versöhnen; nicht rächen, sondern erdulden; nicht mit dem genauen Taschenrechner arbeiten, sondern mit einem vollen Maß geben. Warum nicht dem Kontrahenten oder Konkurrenten die wärmende Sonne auch gönnen und den fruchtbringenden Regen dazu! Schwierig! Oder doch möglich? Für den, der ebenso von Gottes Inkonsequenz und maßloser Großzügigkeit lebt, ist dies der einzig mögliche Weg (1 Petr 2,21)!

8. SONNTAG IM JAHRESKREIS
JESUS HAT GUT REDEN ... (Mt 6,25-34)

■ Sorgt euch nicht ängstlich!
Wie, bitte, haben wir richtig gehört? Jesus ist doch nicht naiv und nicht unrealistisch. Er kennt uns Menschen und weiß um unser Leben. Er selbst

ist auch nicht auf der Brennsuppe dahergeschwommen. Wir haben unsere Sorgen, traurigmachende und bedrückende. Manchmal trifft's Mitmenschen besonders tragisch und hart. Beispiele gibt's genug: Ein junger Meister sorgt sich um ausstehende Rechnungen, sonst schlittert er in die Insolvenz; ein Mann bangt um seine Frau, die nach einer misslungenen Operation vor einem erneut-schweren chirurgischen Eingriff an den Halswirbeln steht. Ein Arbeitsloser ist nach seiner vierzigsten Fehlbewerbung völlig zerstört; er weiß nicht, wie es mit ihm und seiner Familie weitergehen soll. Eine Mutter grämt sich um ihren einzigen Sohn mit massiven Drogenproblemen. Wir alle sorgen uns wegen der Ausbeutung und Bedrohung unserer Erde und ihrer Bewohner; sorgen uns um unsere Kirche, der Durchbrüche zu einer notwendigen Reform äußerst schwer fallen. Wir sind nicht mehr so fortschrittsgläubig optimistisch zu meinen, das alles bekämen wir schon in den Griff. Im Gegenteil: Die Sorgen binden unsere geistige Kraft und bringen uns in die Resignation und Depression; sie machen uns krank.

Da hinein sagt Jesus: „Sorgt euch nicht um euer Leben!" (Mt 6,25) auf diesem Hintergrund: Ihr seid doch alle Geschöpfe, ja Kinder Gottes. Der euch gewollt und bejaht hat, der wird für euch Sorge tragen. Euer Leben ist in seinen Händen und in seinem Herzen gut aufbewahrt. Er wird euch das nötige Brot für jeden Tag geben – und durch euch auch denen, die wegen der Ungerechtigkeit und dem Nichtteilenwollen noch im Hunger und im Elend sind. Das Haar auf eurem Kopf ist gezählt (Mt 10,3), eurem Leben könnt ihr keine Elle hinzufügen (Mt 6,27). Gott hat euch eure Zeit zugemessen und bemessen. Was zersorgt ihr euch dann so unnötig! Gebt euch endlich Gott, übergebt euch ihm. Mit eurer möglichen, armseligen Mitsorge wird er es recht machen. Glaubt daran und vertraut!

■ Sorgt euch um Gott und für seine Sache!
Und das zuerst, vorrangig, an erster Stelle – „mit genzem Herzen, mit ganzer Seele und mit all deinen Gedanken!" (Mt 22,37), mit der Leidenschaft von Liebenden. Nicht so nebenbei, ab und an auch noch. Gebt Gott den Vorrang vor allem anderen, lasst ihm die Vorfahrt in eurem Leben! – Das ist unser Hauptberuf, unsere Hauptberufung, dass wir Gott Gott sein lassen, dass wir ihm zugestehen, was ihm gehört und zusteht: Unseren Glauben und Gehorsam, unseren Lobpreis und Dank, unsere Verehrung

und Liebe! Es ist uns aufgegeben, dass wir uns mitsorgen, dass Gottes Reich und seine Herrschaft, dass Gottes Wille und seine Weisung sich durchsetzen und von den Menschen angenommen werden. In unserer Familie muss anfangen, was in der Öffentlichkeit angenommen werden will – zum Heil der Menschen.

Es ist ein alter Erfahrungswert: Gerade durch diesen Dienst kommt uns auch die Kraft zu, unsere eigenen Sorgen besser zu bewältigen. Wer für Gott sorgt, dem nimmt Gott seine Sorgen ab, bekannte mir einmal eine tiefgläubige Klosterfrau. Er wird euch alles zu eurem Leben umwandeln und zu eurem Heil verwandeln. Das meint Jesus, wenn er uns zusagt: „Alles andere wird euch dazugegeben", dreingegeben im Rabatt Gottes, nachgeworfen als Zinsen eures Gottes. Darum sollen wir es unterlassen, weit in die Zukunft hinein zu sorgen; das ist müßig und umsonst und ungläubig dazu. „Jeder Tag hat genug eigene Plage" (Mt 6,34). Vierundzwanzig Stunden sind uns geschenkt; einige davon können wir sogar verschlafen. Und die können wir doch mit unserem Arbeiten und Sorgen ums Einkommen und Auskommen wahrlich bestehen! Eben mit dem nötigen Brot für heute! (Mt 6,11) – Dazu noch die Ermutigung durch das Bildwort von den Vögeln, für die Gott sorgt; vögelesleicht und vögeleswohl ist es ihnen, wie wir Schwaben sagen; und von den Feldlilien, die Gott eigens in seiner Modewerkstatt bekleidet, alle schicker als der eitle König Salomon. Und ihr Menschen sollt nicht viel, viel mehr wert sein?! (nach Mt 6,26) Lachhaft das!

9. SONNTAG IM JAHRESKREIS
DAS HAUS AUF FELS GEBAUT (Mt 7,21-27)

■ Die große Rede- und Predigtkomposition, die „Bergpredigt" (Mt 5-7), das Grundgesetz Jesu schließt eindringlich und ernst: Was nützt es, wenn ihr mein Wort hört und wieder vergesst, wenn ihr mein Wort hört und es nicht umsetzt in euer Leben, wenn ihr mein Wort hört und es nicht lebt. Jesus will Vollbringer seiner Botschaft. Menschen, die Gott dauernd im Mund führen, Menschen, die devot „Herr, Herr" sagen und doch tun und lassen, was sie wollen, mag Jesus nicht. An denen geht die Weisung zur Umkehr vorbei. Die Heim-Suchung Gottes für sie ins Leere.

Entscheidend ist – und dies gilt jetzt für uns –, dass wir den Willen des himmlischen Vaters zu erfüllen suchen. Dieser Wille des Vaters ist ausgesprochen in den Geboten, die für Israel eine lange Tradition haben, vom Bundesschluss auf Sinai an durch des Volkes unterschiedliche Geschichte hindurch. Es sind zehn Wegweisungen, zehn Anweisungen zum Leben, zehn Guttaten für das religiöse und für das soziale Leben einzelner und aller. Absolut kein Entzug oder Verlust unserer Freiheit, viel mehr erst die Ermöglichung einer Freiheit zum guten und wahren Menschlichen hin. Sie schützen Werte unseres Menschseins: das Gut des Lebens, die Wahrheit, das Eigentum, die Ehe und Familie, den Nächsten, besonders den armen und fremden, das Zusammensein der Menschen untereinander und miteinander. Und sie zeigen auch, wie wir Gott begegnen können: Im Glauben an ihn, den einen und unsagbar großen und heiligen Gott, in der Ehrfurcht vor seinem Namen, in der Einhaltung der Gebets- und Gottesdienstzeiten, in der Ruhe des Sabbats.

Jesus zentriert die zehn Gebote des Ersten Bundes (Ex 20,12-16) und deren zahlreiche Auslegungen und Anweisungen durch die Rabbinenschulen (365 Gebote und Verbote) und verkündet den Menschen das eine Hauptgebot (Mt 22,37-39) des Zweiten Bundes: Liebe Gott und liebe deinen Nächsten so, wie du dich selbst liebst! In einem Satz sagt's Jesus, einfach, für jeden verständlich. Das ist die göttliche Regel (Mt 7,12), das ist das Gesetz und die Propheten zusammen. „Handle danach und du wirst leben" (Lk 10,28) !

■ Jesu Anweisung wird plastisch und griffig durch das Bildwort vom Sand und vom Fels (Mt 7,24-27). Auf Sand baut der, welcher auf gängige Parolen, auf Ideologien und -Ismen, auf Tagestratsch und Alltagsgeschwätz, auf fragwürdige esoterische oder religiös-überkandidelte „Botschaften" hereinfällt. Auf Sand baut der, welcher sich auf das, was unten ist, verlässt und nicht entschieden das Droben sucht. Der alles zu seinem Gott erklärt, was ihm was einbringt, der das Haben vor dem Sein bevorzugt, der alles nur dafür einsetzt, um Reichtum, Wohlleben, Macht, Einfluss zu gewinnen. Auf Sand baut der, welcher nur für sich selber sorgt: Das eigene Hemd ist mir näher! Und Gott einen guten, alten Mann sein lässt! Mach dir das

Leben hier recht schön, kein Jenseits gibt's, kein Wiedersehn! – Wenn ein Wolkenbruch kommt und Wassermassen heranfluten, wenn Stürme toben und an dem Haus rütteln, was dann? Der Tsunami vom 26. Dezember 2004 ist jedem von uns noch in bedrückender Erinnerung. Im Klartext: Was bleibt dann einem solchen Menschen, wenn ihn Unerwartetes und Belastendes überfällt, überschwemmt?

Ganz anders geschieht den Menschen, die ihren „Hausbau" auf Felsen eingründen. Fels ist das Wort Gottes für sie. Dieses Wort täuscht nicht, es ist ein wahres und verlässliches. Wir leben von jedem Wort, das aus Gottes Mund kommt (Mt 4,4). Wir dürfen stehen auf diesem Felsen-Wort; es ist uns Hebe und Halt. Fels ist für uns Jesus, der neue Mose, aus dem die Wasser der Rettung für uns entspringen und uns vor dem Verdursten bewahren. Wer zu ihm geht, der darf trinken das Quellwasser des Heiles Gottes.

Auf diesen Felsen Christus ist auferbaut seine Gemeinde (Mt 16,18); Petrus, der Felsenmann, ist es nur im Auftrag des Ur-Felsens. Mitten in den Wassern und Stürmen der Zeit wird die Kirche überstehen und überdauern, wird sie ein Haus sein auf dem Felsen, in das wir flüchten können – zum Überleben.

10. SONNTAG IM JAHRESKREIS
BARMHERZIGKEIT WILL ICH, NICHT OPFER
(Hos 6,6 / Mt 9,9-13)

■ Es ist ihnen sicher auch schon aufgefallen: In der Zeitung tauchen immer neue Worte und Begriffe auf. Andere jedoch werden kaum mehr oder nicht mehr verwendet. Offensichtlich haben sie ihren Aussage-Wert verloren. Sie sind nicht mehr üblich, nicht mehr heutig, nicht mehr gebräuchlich, also nicht mehr zu gebrauchen. Zu diesen Worten und Begriffen gehört „Barmherzigkeit". – Es ist ein Doppelwort, ein doppeltwichtiges Wort. Die erste Silbe „barm" stammt aus der gotischen Kirchensprache, wird zu „erbarmen" und bedeutet: Ein Herz haben für

Unglückliche, Arme, Elende, Notleidende. Und: Sie aus der Not befreien. – Die zweite Silbe „herzigkeit" ist das Herz, des Menschen Mitte, das berührt, sich äußert und zur helfenden, heilenden Hand wird. So lässt sich sagen: Barmherzigkeit ist „Herz ^{2}" oder „Doppelherz". – Das ist mehr als eine Wort-Spielerei. Barmherzigkeit ist die schönste Frucht aus der Liebe, mit Gott ganz nahe verwandt. Das hebräisch-aramäische Barmherzigkeit ist dasselbe Wort für „Mutterschoß". Wer barmherzig ist, der nimmt den andern in seinen Schoß, in seine Wärme, Weichheit, Geborgenheit. Barmherzigkeit ist uns von Jesus gebracht, vorgelebt, vorgeliebt worden, wie sonst von niemandem. Was barmherzig ist, hat seitdem an ihm Maß, hat durch ihn die Ausrichtung, durch ihn, den Barmherzigen Gottes. Jesus nimmt das Elende, das Erbärmliche, das Miserable an sein Herz (miser-i-cordia), er nimmt das Kleine, Erniedrigte, Verlorene auf die Höhe seines Herzens. Der Herr wird von Erbarmen bewegt, so heißt es im Gleichnis vom Barmherzigen Samariter (Lk 10,33).

■ Barmherzigkeit ist es, mit der Jesus Levi-Matthäus von der Zollstätte wegruft, zu sich ruft. Egal, was die Leute darüber tuscheln: Er lässt sich mit einem Sünder ein, er isst sogar mit dem Verachteten, der im Dienst der ver-hassten römischen Besatzer steht und der sich am Zoll zudem schlitzohrig bereichert. Jesus erbarmt sich des Schuldiggewordenen. Und so, wie er an Matthäus tut, tut er an unzähligen anderen, an den ausgestoßenen, unver-sorgten Kranken, besonders an den Leprosen, den Aussätzigen und Ausgesetzten/Ausgegrenzten, an den Sündern, am Schächer in seiner letzten Stunde. Wer weiß, vielleicht auch noch an Judas, dem Verräter. Jesus ist gesandt, den Menschen in ihrer Orientierungslosigkeit, in ihrer Bindungs-losigkeit (sie ist immer Gottlosigkeit und *die* Sünde/Sonderung), in ihrer Unmenschlichkeit zu helfen, mit ihnen zu leiden, sie an sein Herz zu neh-men, um sie gesund zu lieben. Er „zertritt nicht den glimmenden Funken und zerbricht nicht das geknickte Rohr" (Jes 42,3 / Mt 12,20). Seine Barmherzigkeit richtet auf, ermutigt, heilt und hilft zu neuem Leben.

■ Es wäre bedenklich, es wäre traurig, es wäre unchristlich, wenn wir als Jünger Jesu die Barmherzigkeit aus unserem Vokabular/Wortschatz strei-chen, wenn wir sie in unserem Herzen vergessen würden. Wir selbst leben doch Tag für Tag von solchem Mitleiden, von solchem Erbarmen, von solcher Barmherzigkeit Gottes. Als arme, schuldiggewordene Bettler (Luther: „Und Bettler sind wir allzumal") leben und bestehen wir von ihr und durch sie ganz und gar! – Deshalb müssen auch wir Gottes – und unsere Barmherzigkeit einbringen und einsetzen gegen die zunehmende Mitleidlosigkeit, Erbarmungslosigkeit und Herzlosigkeit in unserer Welt – gerade für die Gescheiterten, in Schuld-Gekommenen, am Leben Zerbrochenen, in Not-Geratenen, im Hunger- und im Elend-Seienden. Wie Jesus und wie alle die Ernstmachenden in seiner Nachfolge, wie ein Franziskus, der vom hohen Ross absteigt und zum Aussätzigen herunterkommt, wie eine Elisabeth von Thüringen, die Bettler und Kranke auf der Wartburg wie eine geringe Magd aufopfernd betreut und pflegt.

■ Ja, „seid barmherzig wie euer himmlischer Vater barmherzig ist!" (Lk 6,36) Er will, dass wir ihm gleichen, wie Kinder ihrem Vater und ihrer Mutter gleichen. Darum will auch Jesus, dass wir übers Opfer hinauskommen, über Selbstkasteiung, lange Frömmigkeitsübungen, übertreibendes Fasten. Liebe ist immer mehr als Opfer. Liebe ist das größere Opfer. Liebe ist das Opfer der Hingabe und Hergabe, der Güte und des Erbarmens, das Gott am meisten mag. Solche Barmherzigkeit schenken wir dem Nächsten dann, wenn wir ihn zu sehen beginnen mit guten Augen; wenn wir uns hineinfühlen in seine Lebensgeschichte und ihn daraus zu verstehen suchen; wenn uns Mitleid, das Mit-Leiden mit ihm anrührt und bewegt; wenn wir ihm auf Augenhöhe begegnen; wenn wir aufblickend zum Du, ihm immer von unten her, nicht herablassend von oben herab, helfen; wenn wir seine Schwächen annehmen und ertragen wollen; wenn wir ihn nicht mehr verurteilen, sondern ihm herzlich vergeben; wenn wir liebhaben wie Jesus. Die Seligpreisung des Herrn steht dann gewiss über dem Leben dieser barmherzigen Menschen (Mt 5,7).

11. SONNTAG IM JAHRESKREIS
SENDUNG UND AUFTRAG (Mt 9,36-10, 8)

■ Die Jünger werden angewiesen und eingewiesen für ihren Dienst an den Menschen. Und Jesu Wort gilt für jeden Jünger und für jede Zeit. An diesem Modell müssen wir bleiben, wenn wir in seiner Autorisierung und in seinem Auftrag uns als seine Gemeinde, als seine Kirche verstehen wollen. Diesem „Geht – verkündet – heilt!" sind wir verpflichtet; es ist unsere Arbeitsbeschreibung und unser Arbeitsvertrag; und der gilt beileibe nicht nur für die Apostel, der gilt verbindlich für alle Jesus-Jünger.

■ Geht! Ihr seid Gehkirche! Gemeinde Jesu ist eine bewegte und ist eine bewegende Kirche. Vom Geist Gottes angestoßen, gezogen und geschoben – darf sie nicht nur verorten, ausschließlich auf dem Felsen fundiert sein, in der Gegebenheit der Tradition verharren. Sie ist auch und besonders für den Weg bestimmt. Dies bedeutet: Sie muss das Fortschreiten und die Entwicklungen wagen, in die sie Gott durch Zeitgeschehnisse und Zeitbedürfnisse hineingibt, (vox temporis – vox Dei), sie muss in die Richtung gehen, die Gott mit ihr vorhat. Aus diesem Bewegtsein sind Bewegungen entstanden in der Geschichte der Kirche wie die Orden und Missionen; wie die Glaubensentfaltung und -vertiefung durch die Theologie; wie die Konzilien, welche Reformen in evangelischer Rückbesinnung und in notwendiger Erneuerung gebracht; wie das Laienapostolat und das Begreifen des Allgemeinen Priestertums, u. a.

Geht! Das heißt aber auch, dass wir über's kleine „Palästina" hinausgehen müssen, immer wieder neu, ins Globale, ins Katholisch-Umfassende und -Ganze hinein. Die Zielgruppe, auf die wir zugehen und die wir ansprechen müssen, sind stets die Menschen, die suchenden, die fragenden, die bedürftigen. Wir sollen nicht warten, bis sie auf uns zukommen; wir müssen das Verlorene suchen und findenwollen, wie Jesus das tat. – Ist dem so, heute, durch uns – als missionarische Kirche?

■ Verkündet! Ihr seid Verkündkirche! Gemeinde Jesu hat eine Botschaft auszurichten. Ihr ist das Wort Gottes anvertraut worden, das richtende und rettende, das korrigierende und konstruktive: Gott hat sich für uns entschieden; dafür ist Jesus, der Christus, der Garant, das Versprechen Gottes, das sich in ihm einlöst. Dieses Versprechen ist das Evangelium: Gott ist da und ist für euch Menschen da, er rettet, weil er euch liebt! Das gibt unserem Leben ein anderes Vorzeichen. Unser Leben ist nicht umsonst oder absurd oder tragisch, es ist sinnvoll, weil Gott selbst Anfang und Ende, Wende und Vollendung unseres Lebens ist. Eine solch gegebene und wahre Botschaft ist mehr als alle Weisheit aller Denker, Gescheiter und Menschheitslehrer zusammen. – Auch dies haben wir den Menschen und der Welt auszurichten: Die Wirklichkeit Gott ist nicht eine künftige, kommende, sie ist schon da, mitten unter uns – im Geschehen der Geschichte und in unserem eigenen Leben. Das Himmelreich ist schon nahe herbeigekommen, sagt Jesus. Deshalb gilt's, unser Leben umzustellen und auf Gott einzustellen. Alles drängt dazu, dass wir uns rasch und ernsthaft dafür entscheiden.

Verkündet! Ruft's von den Dächern, ob gelegen oder ungelegen. Als Mund Christi dürfen wir den Menschen die Frohbotschaft sagen und ihnen Mut machen zu ihrer Befreiung und Berufung. Und wir sollten es mit dem Wort tun, das berührt, das verstanden wird und auferbaut, vor allem, das Gott wieder ins Gespräch bringt. – Ist dem so, heute, durch uns – als prophetische Kirche?

■ Heilt! Ihr seid Heilskirche! Gemeinde Jesu bewahrt einen kostbaren Schatz. Das Heil Gottes ist es, sein Heilen, seine Heiligung. Aus diesem Heilsschatz darf die Kirche im Namen Gottes den darniederliegenden und kranken, den angeschlagenen und verwundeten Menschen Gesundung und Leben bringen. Unsere Religion ist eine therapeutische: Die Kranken bedürfen des Arztes Christus; unter dessen Händen wird niemand sterben. Wenn die Kirche das je einmal vergessen haben sollte und mehr mit Drohung und Gericht die Menschen eingeschüchtert und bedroht hat, dann war sie von ihrer eigentlichen Sendung weit weg geraten. Nichts anderes müssen wir – nach Jesu Anweisung und Einweisung – tun: Kranke heilen, Blinden die Augen öffnen, Taube zum Hören, Stumme zum Sprechen bringen, Lahmen auf die Füße verhelfen, Aussätzige-Ausgesetzte wieder zurückbringen in die Gemeinschaft der Menschen, Besessene von ihren Verkettungen und Unfreiheiten lösen, Tote dem Leben des Auferstandenen anvertrauen.

Heilt! Das hat mit esoterischen oder mit zwielichtigen Praktiken nichts zu tun. Aber sehr viel mit segnenden und guten Händen, mit denen wir für kranke Menschen beten und die wir ihnen – Gottes Heil und Heilung weitergebend – auflegen. Heilen kann mein Dasein für einen und mein Dableiben bei einem Angeschlagenen und Verletzten. Mein geduldiges ihm Zuhören und meine glaubhafte Ermutigung zur Hoffnung. Gottes Heil und Heilen geschieht in der eucharistischen Wegzehr und in der aufrichtenden Krankensalbung. Immer jedoch in der Güte unseres Herzens, mit der wir dem Hilfesuchenden beistehen. – Ist dem so, heute, durch uns – als heilende Kirche?

■ Geht – verkündet – heilt! Wenn sich unsere Kirche, und damit jeder Jesus-Jünger, auf diesen ihren ureigenen Auftrag besinnt, und wenn wir uns alle in der Spur Jesu dahin erneuern, dann wird Kirche, das Leben Gottes weitergebend, selbst wieder leben, überzeugender und glaubwürdiger als je zuvor.

11. SONNTAG IM JAHRESKREIS
WELCHE SENDUNG! (Mt 9,36-10,8)

■ Jesu Mitleid/Mitgefühl für die Menschen. Mitleid ist das verbindliche Erbe Christi an uns.

Es heißt: mit-fühlen, mit-leiden, mit-tragen. Die „compassio" ist ein wiederentdeckter pastoraler Impuls, für die gebeutelten Menschen da zu sein und ihnen im Mitleid Gottes zu begegnen. Wie viele sind alleingelassen, sinnlos, verwahrlost, zukunftslos. Müde und erschöpft, im „burn out". Ihr Hunger ist groß, dass sie alles vernaschen, was zwischen ihre Zähne kommt, auch Schweinefutter (Lk 15,16). Sie haben keinen Hirten, keinen Hüter, keinen Helfer. Sie brauchen den Menschen unter Unmenschen, den Beherzten unter Herzlosen. Die „Ernte" unter solchen Menschen ist gegeben. Das „Ackerfeld" ist reif, dass man einbringen könnte in Gottes Scheune. Aber der Arbeiter sind wenige. Der Theologennachwuchs geht drastisch zurück, auch andere kirchliche Berufe. Jesu Agentur für Arbeit hat massig freie Plätze. Wir alle sind gefragt: Gott braucht Menschen! Uns allen in seiner Gemeinde hat er seine Botschaft und sein Leben anvertraut – zur Weitergabe. Dies traut er uns zu.

■ Ruf / Anruf / Anwerbung. Er beruft 12 Jünger: 12= 3 x 4 (3 ist die Zahl Gottes; 4 ist die Zahl der Welt: Das Göttliche für die Welt). Die Zwölfe sind für die zwölf Stämme Israels bestimmt, für Gottes Volk zuerst und dann erst für die Heiden. – Die zwölf Männer sind weder Spitzenfromme noch Topleute; vier sind Fischer vom See Genesareth (Simon Petrus, Andreas, Jakobus, Johannes), einer ist Zöllner und Kollaborateur (Levi-Matthäus), einer ein bekehrter Rechtsradikaler (Simon, der Zelot und Eiferer), ein Nicht-Galiläer (Judas aus Iskariot), dann Philippus, Bartolomäus, Taddäus, Thomas, Jakobus der Jüngere. – Sie kommen vielleicht aus Sabbatschulen, nicht aus Rabbinenschulen. Weder haben sie Abitur noch einen Meisterbrief. Sie sind keine Helden und Ausnahmemenschen, auch keine Heiligmäßigen, eher Mäßig-Heilige. Aber sicher offene und bereite Typen, auch begeisterungsfähige und einsatzbereite. Denen vertraut Jesus seine Botschaft und seine Heilsgaben an. Sie haben nichts anderes zu tun, als was Jesus getan hat: Gott in den Menschen zu dienen. Und, so gut es geht, zu sein wie er, der Liebende Gottes, Wert und Unwert wie er. Umsonst haben sie ihren Ruf geschenkt bekommen, umsonst sollen sie ihre Berufung weiterschenken. Entscheidend, dass sie in die Spur Jesu treten und seinen Rhythmus aufnehmen. Mit den Nägeln Jesu werden auch sie angenagelt. Aber der Heilige Geist wird ihnen beistehen und ihnen aufhelfen.

■ Auftrag! Geht hinaus in die Welt, in die Welt hinein! Geht zu den Menschen, sie warten auf euch. Die Zeit, da Menschen auf die Jesus-Jünger, auf das Wort und die Gaben Gottes zukommen, ist vorbei. War sie jemals schon da? *Wir* müssen die Menschen suchen, aufsuchen, heimsuchen. Nicht aufdringlich anbiedern, aber glaubwürdig anbieten. Im Gehen geht der Herr mit (siehe Emmaus), im Gehen begegnen wir ihm, im Gehen, in solcher Dynamik des Weges können wir uns wandernd wandeln als Kirche.

Verkündet! Die Rede von Gott ist unsere Sendung. Ihn ins Gespräch, ins Spiel, ins Leben bringen – ihm die Chance der Einmischung ermöglichen. Den totgesagten Gott offenbar machen, dass er lebt, dass er da ist, dass er wirkt: unser Leben. Und das in der Sprache, die heute gehört und verstanden wird. Dann geschieht die Heutigwerdung Gottes, das Aggiornamento, die Gnade dieses Augenblicks.

Heilt! Die Welt ist voll von Kranken: Tauben, die nicht mehr recht sprechen können; Stummen, die dialogunfähig und sprachlos sind; Lahmen, die nicht mehr auf die eigenen Füße kommen; Geplagten von bösen Geistern (Zuchtlosen, Süchtigen, Gehässigen, Geizigen, Machtbesessenen); Ausgesetzten in ihrem modernen Aussatz, Ausgegrenzten, an den Rand Gedrängten; Toten, schon lebend Begrabenen (Karteileichen unserer Gemeinden). Sie alle sollen das Heil, die Heilung, die Heiligung Gottes erfahren dürfen: Gott erbarmt sich ihrer in seiner Menschenfreundlichkeit und göttlichen Therapie. – Welche Sendung! Und die sollte heute nicht mehr anmachen?!

12. SONNTAG IM JAHRESKREIS
FÜRCHTET EUCH NICHT! (Mt 10,26-33)

■ Die Jünger Jesu stehen vor einer riesengroßen Aufgabe. Ihr Lehrer schickt die zwölf Männer, meist einfache Fischer, in die Welt, um die Menschen anzusprechen, um sie im Namen Jesu zu heilen, um sie für den Weg Jesu zu gewinnen. Sie werden dabei ihre Schwierigkeiten haben und Widerstände erfahren. Jesus weiß das, er macht ihnen nichts vor. Er zeigt ihnen, fast wie in einem Horrorszenarium, was sie erwartet: Unverstehen, Misstrauen, Gleichgültigkeit, Hass, Verfolgung. Schafe, umringt von einem blutrünstigen Wolfsrudel! Deshalb baut sie Jesus auf und ermutigt sie zum Wagnis des Glaubens: „Fürchtet euch nicht!"

■ Fürchtet euch nicht! Sagt die frohmachende Botschaft und sagt sie den Menschen zu. Die gute Nachricht darf und wird nicht sterben, weil Gott lebt und für die Menschen lebt. Macht offenbar, macht bekannt, wer Gott ist, wie Gott ist, was Gott mit den Menschen vorhat: Er will Befreiung, Rettung, Leben für jeden! Solche Enthüllung gehört zum Wesen der christlichen Lehre. Denn nur mit einem liebenden und mütterlichen Vater-Gott kann der Mensch bestehen und wirklich leben. – Die Verkünder, auch das weiß Jesus aus eigener Erfahrung, werden mit dem wahren und unerschrocken-gesagten Wort anecken. Es ist kein frommes Gesäusel, das einlullt. Es ist ein richtendes Wort, das die Mächtigen kritisiert (> Bioethik), das die Wohlhabenden anmahnt, das die Alleswisser und Alleskönner in Frage stellt. Es ist aber auch das rettende Wort für den, der sich davon berühren, bekehren, zum Glauben berufen lässt. Diese Botschaft ist uns anvertraut und aufgegeben, sie heutig und anmachend zu machen; sie braucht unser ständiges Mühen und unsere Glaubwürdigkeit.

■ Fürchtet euch nicht! Die Reaktion aufs Wort Gottes kann durch ideologisierte Systeme so rabiat und intolerant werden, dass die christlichen Prediger und Propheten den Maulkorb verpasst bekommen, dass sie ausgewiesen, dass sie eingesperrt, dass sie getötet werden – angefangen von absoluten Cäsaren bis zu gottfeindlichen Diktaturen. Diese können zwar den Leib der Bekenner töten – und wie oft unter grässlichen Qualen –, aber deren Seele, ihre innerste Mitte, ist und bleibt der letzte Ort ihrer Freiheit. Darüber hält der Geist Gottes seine schützende Hand und nimmt den Märtyrer in seine bergende Hand. – Habt deshalb Mut zum persönlichen Zeugnis, findet zum christlichen Selbststand und zum markanten Profil! Wie nötig wir dies in unserer Zeit, in der Auseinandersetzung mit Neoliberalismus und Libertinismus und Kapitalismus haben, ist offensichtlich. Der Zeuge, auch in seiner schwachen Kraft, ist gefragter denn je!

■ Fürchtet euch nicht! Gott ist dabei und Gott steht bei. Nicht billig, so, als ob dem Zeugen Christi nichts Böses zustoßen könnte. In der römischen Arena sind sie von Raubtieren zerrissen worden und in den Konzentrationslagern sind sie durch Gaskammern und Feueröfen gegangen. Trotzdem – das ist oft von Blutzeugen an ihrem Ende bekannt worden: Gott ist mir nahe; er hat mich nicht vergessen; er weiß um mich, und das genügt mir! – Dafür stehen die zwei Gleichnis-Worte von den Spatzen, die ohne Gottes Wissen nicht auf die Erde fallen; und von den Haaren auf unserem Kopf (80 000 sollen es sein), die alle gezählt sind. So sehr liegt Gott an uns. So sehr sind wir ihm wert und noch viel mehr. So sehr sind wir in der Sorge und in der Fürsorge unseres Gottes. Niemals wird er unser vergessen: In Gottes Gedächtnis sind wir eingetragen, in Gottes Herz sind wir aufgehoben. Also: Habt doch die Zivilcourage, auch heute Gott zu bezeugen und für seine Sache (das ist immer der Mensch) euch beherzt und entschieden einzusetzen! Gott Gott sein zu lassen in eurem Leben wider alle moderne Götzenanbeterei. Und nach seiner guten Weisung selbst zu leben – als Ärgernis, als Anstoß, als Beispiel, als Ermutigung für andere, besonders für Suchende und Fragende. Dann, dann wird Christus an uns tun, was wir für ihn getan haben: Er wird sich zu uns bekennen. Das wird ein Stück Himmel für uns sein.

13. SONNTAG IM JAHRESKREIS
JÜNGERSCHAFT KOSTET DAS LEBEN (Mt 10,37-39)

■ Schon wieder geht Jesus gegen unsere Unentschiedenheit und Halbherzigkeit an. Die Jüngerschaft mit ihm und die Nachfolge hinter ihm her fordern uns ganz. Sie vertragen nicht unser „ja – aber", nicht unser „schon – aber nicht so schwer". Radikal und kompromisslos steht's in der Überlieferung der ersten Kirche. Vermutlich hat's Jesus so gesagt und gemeint. Da hilft kein Herumdeuten und kein Abschwächen. Das Wort stellt uns, und wir müssen uns dem Wort stellen. „Wer mein Jünger sein will, der ..." (Mt 16,24a).

■ Der ist gerufen zur Mehr-Liebe. Keine Frage, wir alle sind in das soziale Netz der eigenen Familie hineingeboren und hineingebunden. Vater und Mutter zu ehren, ist göttliche Weisung und Wille (Ex 20,12 u. a.). Für die Eltern haben wir Mitsorge, vor allem, wenn sie im Alter und in der Krankheit nicht mehr können. Ebenso gilt die natürliche Bindung der Eltern zu ihren Kindern und umgekehrt. Immer jedoch hat die Liebe zu Gott, zu Jesus Christus an der ersten Stelle zu stehen, hat den Vorrang. Nichts darüber, besonders wenn Konflikte auszustehen und wenn Gewissensentscheidungen zu treffen sind. Heilige leben dies: Nichts über Gott, alles für ihn! Deshalb verlassen sie Ansehen, Macht, Reichtum, einen geliebten Menschen, um Gott allein anhangen zu können (Franziskus sagt seinem Vater Bernardone ade; Franziska von Chantal überschreitet die Türschwelle, auf die sich ihr jüngster Sohn gelegt hat; Nikolaus vom Flüe verlässt seine Frau Dorothee und die Kinder – mit deren Einverständnis). Alles um des Reiches Gottes willen! Und die mit dem größeren Herzen überspringen Mauern, die im Wege sind (Ps 18,30) mit ihrer Liebe – mehr als üblich, mehr als nötig, mehr als genug.

■ Der ist gerufen, das Kreuz aufzunehmen. Das ist dann der Ernstfall der Liebe für den Jesus-Jünger, das Leben eines Gezeichneten Christi anzunehmen. Nein, nicht das selbst gezimmerte und selbst erdachte Kreuz. Gemeint ist besonders das Kreuz, das aus der Nähe zu Jesus erwächst, das von Gott zugemessen und zugemutet wird. Für jeden Nachfolgenden liegt dieses Kreuz des Christusleidens bereit; wir müssen es aufnehmen. Es kann diese Namen haben: Das Herausgerufensein aus und damit das Zukurzkommen in der Welt, das Leben in der nicht angesehenen Minderheit; das Sterbenmüssen des alten, schuldigen Menschen – täglich neu, das wehe tut; das Leiden an einer Welt, die unmenschlich und widerchristlich geworden (und wie oft fängt diese Welt in der eigenen Familie an!); die Erschütterungen und Bedrückungen ob des Unrechts und des Elendes, das Unschuldigen geschieht; die Not, selbst so wenig helfen und verändern zu können; das Kreuz der Uneinigkeit und Zerstrittenheit, das noch immer zwischen den christlichen Kirchen aufgerichtet ist; die Depression, dass ich selbst dem Ruf Jesu noch so wenig entspreche und viel zu karg die Liebe lebe, die er von mir wünscht. Was uns allein ermutigen kann, ist, dass er, der Gekreuzigte, uns, die sich mitkreuzigen lassen, dennoch erlöst.

■ Der ist gerufen, sich im Verlieren zu gewinnen. Auf den ersten Blick ist christliche Existenz ein glattes Bankrottgeschäft. Jesus lebt uns dieses vor, und andere erwarten dieses seitdem von uns sehr kritisch: „Geben ist seliger als nehmen" (Apg 20,35); ich bin gekommen, um zu dienen (Mt 20,28); ich gebe mein Leben für viele (Mt 20,28): Geben – dienen – hingeben! Also, weg vom Kreisen um sich selbst, die harte Schale unseres Ich aufknacken, die eigene sichere Behausung aufgeben. Oder: Sich benutzen und ausnutzen lassen; der Kleinste und Geringste sein, wenn der andere uns braucht; sich selbst hergeben, ungeschützt, um dem Du das Leben zu ermöglichen! Darinnen liegt das Wunder des Gewinnens. Der Jünger Jesu wird gerade dadurch andere Menschen gewinnen und sich selbst dazu. Er wird ein Befreiter der Liebe sein, ein weiter und reifgewordener Mensch und Christ – zum Segen für viele nach dem Beispiel Jesu: Tut auch ihr, wie ich an euch getan! (Joh 13,15)

14. SONNTAG IM JAHRESKREIS
KOMMT ALLE ZU MIR (Mt 11,25-27)

■ Jesus kennt uns. Er weiß um unser Leben und um unsere konkrete Situation, um die Höhen und die Tiefen unseres Daseins. Ihm sind auch unsere Pflichten, in die wir eingespannt sind, unsere Lasten, unter denen wir tragen, unsere Überforderungen, die an unserer Kraft zehren, nicht fremd. Beladene Packesel sind wir oft in der Familie, im Beruf, in der Gesellschaft. Angetriebene und Umgetriebene, von anderen belastet oder uns selbst belastend, gehetzt oder uns selbst herumquälend. Dieses „am Ende sein", dieses „Ausgebranntsein" (Burn-out-Syndrom) nimmt zu, Menschen, die im Tempo und in der Härte der Anforderungen und Erwartungen unter die Räder kommen, unbarmherzig, unmenschlich.

In der Familie etwa ist es zu einer Dauerlast und -belastung geworden, dass der Sohn einen ganz anderen Weg geht, als es sich die Eltern vorgestellt haben. Jemand wird in der Firma auf das Abstellgleis geschoben, ein neu Eingestellter übernimmt von heut auf morgen seine Aufgabe. In einer Ehe wird dauernd auf die Frau abgeladen; sie wird gebraucht und wird verbraucht. Die Pflege eines Schwer- und Langzeitkranken kostet viel, kostet physischen und psychischen Einsatz, das Um-ihn-Sein, oft rund um die Uhr. Ein alter Mensch ist in zermarternder Angst vor dem Morgen. „Ich kann beim besten Willen nicht mehr!", hören wir sagen.

■ Solche Forderungen – von anderen an uns gestellt und von uns selbst an uns gerichtet – können krank machen. Wir kommen aus dem Atem und dem Tritt (und jedes von uns hat doch seine Grenzen!), geraten außer uns und verlieren unsere haltende Mitte. Bei Gott, ja, es ist manches, womit Menschen beladen und geplagt sind! Und es ist heute anderes, unter was Menschen zur Zeit Jesu gelitten haben. Damals standen sie unter dem moralisch-religiösen Druck, in 248 Geboten und 365 Verboten dem vermeintlichen Willen Gottes entsprechen zu müssen. Dabei kannte das meist analphabetischeVolk die Auslegung und die Forderungen der Rabbinen gar nicht. Die Leute waren die geistig Armen, die Unmündigen, die nach Vorstellung der Schriftgelehrten schon deshalb nicht in das ewige Leben gelangten. Und die sie kannten, für die war die verwirrende Rechtsauslegung ein schwer belastendes „Joch", in das sonst nur der Ochse eingespannt wurde! Nicht umsonst tadelt Jesus die Schriftgelehrten und Pharisäer: „Sie schnüren schwere Lasten zusammen und legen sie den Menschen auf die Schultern, wollen selber aber keinen Finger rühren, um die Lasten zu tragen" (Mt 23,4).

■ Jesus will uns entlasten. Kommt zu mir, die ihr, unter was auch immer, schwer zu tragen habt und leidet. Er fügt hinzu: Ich will euch Ruhe verschaffen, ich will euch erquicken, ich will euch wieder zum Leben bringen. – Die Ruhe meint ein Ausruhen dürfen bei Jesus, der uns versteht, der uns mag, der uns birgt. Wie ein Liebender nimmt er uns an sich, umfängt uns. Die oberschwäbische Johannesminne von Heiligkreuztal ist mir dafür wie eine Zusicherung: Du darfst bei mir sein, wie du bist, auch mit deinen Grenzen! Lass los alle Ichverkrampfung und Übererwartung an dich selbst (Psychologen sagen, gerade daraus entstehe viel Spannung und Belastung)! In Jesu Gemeinschaft sind wir nicht andauernd gefordert und eingefordert. Da ist er der Beschenkende an uns. Mit seiner Liebe und Versöhnung entlastet er uns. Das Außer-uns-geraten-Sein wird zum In-ihm-Sein, zum Von-ihm-umfangen-Sein. Keiner kann so bergen wie er. Aus dieser Begegnung wird Leben, eben Erquickung, Erfrischung, Erneuerung. Dadurch werden wir wieder zu anderen. Wir werden unsere Mitte wiederfinden und wieder mehr gelassen leben können, uns selbst loslassend in Gott hinein: Gott, du trägst uns und du bleibst bei uns und bist mit uns! Das, was belastet und bedrückt, ist wieder besser zu tragen. Das ist Stärkung in den Schwierigkeiten unseres Alltags, das ist eine Hand, die hält, wenn wir zu stürzen drohen, das ist Hoffnung, dass das, was uns plagt, ein Ende finden wird. – Können wir das so annehmen, nicht als billige Vertröstung – als tiefer Glaube auf Gottes Hilfe? Vielleicht ist dieses Vertrauen eher möglich für Unmündige, Kleine, Arme, als für Gescheite und Gebildete, die immer noch meinen: Unser Leben, das schaffen wir schon selbst!

15. SONNTAG IM JAHRESKREIS
AUS DEM LEBEN – FÜR DAS LEBEN (Mt 13,1-23)

■ In zwanzig Erzählungen überliefert uns Matthäus tiefsinnige Gleichnisse Jesu: Das Himmelreich ist gleich wie ... (Mt 13,24). So sprach er die Leute an, so verstanden sie ihn: Aus dem Leben für das Leben. Und ohne Gleichnisse redete er nicht zu ihnen (Mt 13,34b). Nicht um sie zu unterhalten, sondern um sie zu betreffen. Immer wollte sein Wort eine existentielle Herausforderung sein – und das ist es noch heute, für uns.

■ Tendenz gleichbleibend. Ein Sämann geht aus, um zu säen. Er wirft sein Korn aus, in der Hoffnung, dass es von der Erde aufgenommen wird, in der Erde heranwachsen kann zum Halm, zur Ähre, zur reichen Frucht. Aber dreiviertel davon bleibt an der Oberfläche, kommt auf Steinen zu liegen, verdorrt unter der sengenden Sonne, fällt unters Unkraut und erstickt. Ein Verlustgeschäft Gottes, um es ehrlich zu sagen.

Was wird doch verkündet, gepredigt, zugesprochen! Ich habe meine Predigten nicht gezählt und nummeriert. Aber sie füllen meinen Schreibtisch im eingebauten Hängeregister. Was von allem blieb in den Herzen der Menschen hängen? Was war ermutigend und froh genug, dass das Leben der Hörenden weiter, lebendiger, glücklicher wurde? Was konnte so berühren, dass es einen Menschen bekehrte und erweckte? Nach einer Umfrage bei Berufsschülern ist die Predigt für die Bewusstseinsbildung mit 5% äußerst gering und unbedeutend und ganz wenig eine persönliche Hilfe. Die meisten jungen Leute sind an der kirchliche Verkündigung nicht einmal mehr interessiert im Zeitalter der Medien. Eine deprimierende Fehlanzeige! Dasselbe Schicksal erleidet der schulische Religionsunterricht, die Erwachsenenbildung. Lebenshilfen sind erst dann gefragt, wenn ein

Mensch in die Krise geraten ist, wenn er genug „offener Boden" geworden ist. Aber glaubensunterweisende und glaubensweiterbildende Themen sind selten gefragt. Oft eine Interessenlosigkeit, die nachdenklich und traurig macht. Und wir haben doch gemeint – in einem konziliaren Aufbruch nach dem Konzil (das ist nicht lange her): Das Wort Gottes ist wieder entdeckt, das Wort Gottes ist Ermutigung, ist Weisung, ist Heil für eine Menschheit, die Orientierung und Halt und Leben braucht!

■ Tendenz dennoch zuversichtlich. Das ist die Botschaft des Gleichnisses. Nach dem sogenannten „galiläischen Frühling", in dem die Leute offen und begierig die Botschaft des verkündenden Jesus aufgenommen hatten, müssen die Jünger sehr bald deren Gleichgültigkeit gegenüber dem Gotteswort feststellen. Sie sind enttäuscht und mutlos, dass alles sich so schnell ändern konnte. Sie klagen das bei Jesus. Und er: Er erzählt ihnen diese Geschichte vom Sämann und vom vierfachen Ackerboden.

Hartgefahrene Wege werden bleiben im Leben der Menschen. Auch ihr Ackerfeld mit vielen Steinen (wie auf der Schwäbischen Alb). Auch das Unkraut, das zäher ist als jeder gute Samen und den Ansatz zu guter Frucht zudeckt und überwuchert. – Gott könnte nun mit seinem Unkrautvertilger anrücken und die Oberflächentypen, die ihre Ohren für das Wort Gottes auf „Durchzug" gestellt haben, und die Steinharten, welche die Frohbotschaft nicht an sich heranlassen, und die Hallodri, die in der Welt und im Fleisch verstrickt sind, einfach ausjäten und vertilgen. Aber Gottes Art ist das nicht. Er hat nicht nur eine Eselsgeduld mit uns, er hat auch den Mut, sich zu verlieren – im Ausstreuen seines Wortes, im Säen seines Samens, im Verschenken seines Lebens. Immer, ohne Unterlass. „Mein Wort ... kehrt nicht leer zu mir zurück ..." (Jes 55,11). Mein Wort ist ein lebendiges und lebenerweckendes Wort (Joh 6,68). Und Gott hofft darauf, dass es doch einmal einfällt in die Erde unseres Lebens. Oft plötzlich – und der Mensch nimmt es an und auf. Oft schmerzlich – aber der Mensch weiß jetzt, daran kann ich mich halten, weil es mich hält. Oft auch allmählich, aber gewissmachend und froh. – Wir dürfen uns daran festhalten, dass die göttliche Saat trotz allem aufgehen wird, wenn, wenn Säleute Gottes auch heute säen, aussäen – im Wagnis und unter Mühen, mit Träumen und Hoffnungen: Es ist ein anderer, der sät, und ein anderer, der ernten darf (Joh 4,37). Warum nicht auch heute dreißig-, sechzig-, hundertfach!

16. SONNTAG IM JAHRESKREIS
FRUTTA MIXTA (Mt 13,24-30)

■ Ein Hobbygärtner ärgert sich maßlos über das Unkraut in seinem Garten. Sein Nachbar, nicht ohne Humor, frotzelt ihn: „Am besten, Sie betonieren Ihren Garten zu. Dann gibt´s Ruh!" – Ob wir wollen oder nicht, wir müssen annehmen, dass es auf unserer Erde keine Rosen ohne Dornen gibt, keinen Acker ohne Unkraut, kein Brot ohne Tränen. Der Feind geht um und sät das Böse aus. Gebrochene Welt, Unvollkommenes, noch nicht erlöste Schöpfung, Dunkles überschattet das Licht!

Die Gärtner, die Bauern, die Landarbeiter – auch die des Herrn – mögen das nicht leiden. Raus mit den tausend Unarten, welche das Wachstum und das Reifen der guten Saat verhindern oder vernichten! Sie wollen sofort herausreißen, jäten, befreien, das Gute vom Bösen befreien. Gut und recht. Und doch so töricht. Denn sie würden nur den Keimling des Kornes mitgefährden. Deshalb meint Jesus, lasst zunächst (wie lange wohl?) beides, Kraut und Unkraut, Gerste und Tollkraut (eine in Palästina wachsende giftige Queckenart), Dinkel und Distel miteinander wachsen. Es kommt schon die Zeit, wo beides voneinander getrennt wird – in der Ernte Gottes. Es ist seine Sache, auszusondern, auszureißen, dem Bösen das Aus zu bereiten.

■ In diesem bedenkenswerten Gleichnis verweigert Jesus seinen Jüngern – und die sind wir, die chemisch-reine Gemeinde, die „aussortierte Kirche", die elitäre Gemeinschaft von Nur-Reinen, von Nur-Frommen, von Nur-Vollkommenen. Der Herr ist realistisch: Er kennt die Menschen, er kennt die Welt. Der Bruch „Dunkel-Hell", „Gut und Böse", „Fertiges und Unfertiges" geht ja mitten durch unser eigenes Herz. Wir sind vielleicht guten Willens und dann doch wieder so schwach im Vollbringen, im Tun. Gottes Weizen in uns und dann doch wieder das Unkraut des Unvermögens, der Begrenztheit, des Noch-nicht-Guten und Reinen! Das ist das dunkle Geheimnis der „frutta mixta", der gemischten Frucht in unserem Leben und im Leben des Gottesreiches.

Jesus ist im Namen Gottes unglaublich weitherzig, tolerant, duldsam und erduldend zugleich. Lasst beides wachsen, ihr Übereifrigen, ihr Fanatiker, ihr Ein- und Ausgrenzenden! Jesus bringt Gottes Langmut und Zuwarten und Hoffnung ins Spiel. Wissen wir denn so genau, wer ins

Reich Gottes gehört und wer nicht? Ist nicht bei vielen Menschen noch alles offen, bei uns auch, wie einmal unser Wachstum, unsere Entwicklung, unsere Reifung ausgehen wird? Da ist doch – hoffentlich! – noch alles drin! Gottlob, dass uns Gott die Chance, die Gnade zur Veränderung und zur Lebenskorrektur gewährt! Und seine Gnade kann übermächtig werden (Röm 6,1 / 2 Kor 9,8 / 2 Kor 12,9) und sie ist es.

■ Diese Botschaft Jesu ist umwerfend. Gott ist an uns dran, Gott gibt nicht so schnell auf mit uns und uns schon gar nicht verloren! Keinen von uns verurteilt oder vergisst er, solange wir noch schnaufen. So sagt's Jesus, und genau so lebt er es uns vor. Seine Zuneigung und Zuwendung für armselige und schuldiggebliebene Menschen ist zum Markenzeichen für Gottes Güte und Erbarmen geworden. Der betrügerische Oberzöllner Zachäus, die vielbemannte Samariterin, das gefallene Mädchen, der verlorene Sohn, der mitgekreuzigte Raubmörder haben Platz unter dem Zelt Gottes. Gerade sie erfahren die Weite und Vergebung Gottes, dass dennoch alles gut wird in ihrem Leben.

Keine Frage, das ist die Provokation Jesu für uns. Seine Gemeinde, seine Kirche ist eine „frutta mixta", eine gemischte Frucht – und darf es sein! Ein gemischtes Volk aus „Weißen und Schwarzen", aus fast Gereiften und noch viel mehr aus Ungereiften, aus Sündern und Geheiligten. Alle, wirklich alle, haben das Hausrecht, in der Kirche Jesu zu sein. Wer wollte es sich dann herausnehmen, Menschen zu verurteilen, auszusondern, fallenzulassen! Das wäre Abfall von unserer Berufung und eine unmögliche Arroganz, wo wir doch selber auf die heilende und rettende Liebe Gottes so sehr angewiesen sind!

17. SONNTAG IM JAHRESKREIS
DER „GOTT-SCHATZ" (Mt 13,44.51)

■ Die Erzählkunst Jesu ist gekonnt und tiefsinnig. Der Herr spricht seine Zuhörer an, meist mit knapp-formulierten Beispielen aus ihrem Lebensbereich. Und die Leute nehmen sein Wort an und den Sinn seines Wortes auf.

So ist das Himmelreich! – Bei Jesus ist das ganz anders als bei unseren Schriftgelehrten, sagen sie. Der Rabbi aus Nazareth verkündet lebensnah und verstehbar, er predigt glaubhaft und überzeugend – damals, auch für heute.

■ 1. Kapitel der Geschichte: Ein Knecht entdeckt beim Pflügen einen Schatz, zufällig, überraschend. – Wir ahnen schon: Gott selbst ist dieser Schatz. In unserem Lebens-Acker ist er verborgen. Meist gar nicht so weit weg von uns, oft ganz nah. Wenn er sich an der Oberfläche zeigt, denken wir, es sei ein Stein, an dem sich unser Pflug stößt. Verdammt nochmal! Und dann ist der Fund doch eine geschenkte Gnade, ein Anstoß, eine Weisung, ein besonderes Zeichen, gerade für uns bestimmt. Wer aufmerksam und achtsam in sich hineinhört, hineingräbt, hineinsucht, der darf den Schatz „Gott" finden: Den Gott, der uns meint und mag, der sich uns zeigt und gibt, der uns trägt und geleitet – in allem, trotz allem.

■ 2. Kapitel der Geschichte: Der Knecht erkennt den Wert des Schatzes. Das ist ja etwas Wunderbares, Wertvolles! Das ist der Zugewinn für mein Leben! Mein Glück! Der Landarbeiter schaut den Schatz an, bestaunt ihn, wendet ihn hin und her, nimmt ihn an sein Herz. Wie das bei Liebenden ist. Der selige Finder denkt nur noch an den Schatz und hat nur den einen Wunsch: Ich muss zu diesem Schatz kommen, mag es kosten, was es wolle. Und die Freude und Begeisterung seines Herzens bringt ihn auf einen klugen Gedanken. Aber zuerst sichert er den Schatz, indem er ihn wieder vergräbt. Kein Mensch soll ihn bemerken.

Hat dieser Vorgang nicht Ähnlichkeiten mit unserem Christenleben? Jedem von uns ist doch dieser „Gott-Schatz" in der Taufe geschenkt worden. Seitdem haben ihn viele von uns eingegraben, versteckt gehalten. Wir übersehen ihn, wir übergehen ihn, manchmal haben wir ihn auch vergessen. Nicht gehoben aus dem Ackerboden aber, kann er nicht Wende und Wandlung für unser Menschenleben bewirken. Das ist doch die Misere in unserem Christenleben: Wir schätzen den uns geschenkten Schatz zu wenig oder gar nicht und bedenken's gar nicht, wie sehr wir uns selber und andere mit dem „Gott-Schatz" glücklich machen könnten.

■ 3. Kapitel der Geschichte: Der Knecht im Gleichnis erwirbt den Schatz. Überlegt und zielgerichtet verkauft er seine Habe. Er setzt alles dran, er riskiert alles, er bringt alles auf und ein, dass er den „Gottesacker" mit dem „Gott-Schatz" dafür gewinnen kann. Und gewinnt dadurch noch viel mehr dazu! Das ist im Jesus-Gleichnis der Knackpunkt, der springende Punkt, auf den alles ankommt.

■ Wie ist das bei uns? Ist uns der „Gott-Schatz" wichtiger und größer und wertvoller als alles andere in unserem Leben? Als Haus und Habe, als Stellung und Ansehen, als Konto und Wohlergehen? Nimmt Gott die erste und oberste Stelle in unserem Leben ein? Nichts über ihm, nichts neben ihm? Er, unumstößlich und bevorzugt? Er, niemals als billiger Jakob, so nebenbei, unter ferner liefen? Er, nur als der „Nothelfer-Gott", wenn alle Stricke reißen; er, als der „Feuerwehr-Gott", wenn's Haus brennt; er, als der „Greisen-Gott", wenn man bald abzutreten hat? – Nein und nochmals nein! Gott ist und bleibt unser Schatz, den wir aus ganzem Herzen, mit allen Sinnen und mit allen Kräften des Leibes, des Geistes, der Seele lieben sollen, wie es uns das Hauptgebot aufgibt. Er und immer er und nur er! Nur das kann unsere entsprechende, gemäße Antwort sein auf Gottes Liebe zu uns, auf seine maßlose, auf seine geduldig-wartende, auf seine erbarmende Liebe für einen jeden von uns.

18. SONNTAG IM JAHRESKREIS
JESUS – DAS TÄGLICHE BROT (Mt 14,13-21)

■ Menschen suchen Jesus. Sie gehen um den See zum Ostufer. Hier muss er ankommen mit dem Boot, in das er gestiegen ist, um ein wenig zur Ruhe und zum Gebet zu kommen – an einem einsamen Ort. Sie begegnen ihm, und er ihnen. Eine Szene, die immer wieder neu aufhorchen lässt. – Warum die Leute Jesus nachziehen? Es ist mehr als Neugierde, als Sensationslust, als Wundersucht. Die Menschen erspüren die Ausstrahlung, die vom Wanderprediger ausgeht. Die Ahnung der Gottesnähe und Gottesbegegnung: Gott unter uns! Deshalb berühren sie ihn und sind berührt von ihm. Wenn sie nur den Saum seines Gewandes für einen Augenblick zu fassen bekommen. Von ihm geht eine solche Kraft aus!

■ Jesus lässt geschehen, er reagiert nicht negativ. Es ist eigens vermerkt: Als er die vielen Menschen sieht, hat er Mitleid mit ihnen, mit den abgeschafften und müden, mit den angeschlagenen und kranken, mit den durstigen und hungrigen. Mit den „Burn-out-Menschen", sagen wir. Die Bibel sagt's so: Wie Schafe ohne Hirten sind sie, orientierungslos, hilflos, brotlos. Denen ist Jesus nahe. Sein Mitleid ist kein „Von-oben-herab-Bedauern". Er ist auf Augenhöhe mit den Leidenden und Armen. Sein Herz lässt sich berühren und ist bewegt von ihrer Situation. Seine „compassio" ist das Mit-Empfinden, ist das Mit-Tragen, ist das Mit-Leiden mit seinen Brüdern und Schwestern, mit den Menschen- und Gotteskindern (ich weiß für die Seelsorge keine bessere, helfendere, jesus-gemäßere Grundhaltung!).

Das Kennzeichen der Menschen ist und bleibt der Hunger, auch wenn wir noch so abgesättigt scheinen. Hunger ist unser Wesensmerkmal. Wie oft fragen wir uns doch: Ist das alles? Nie und durch nichts ist dieser unser Hunger zu sättigen. Wir bleiben die Ewig-Hungrigen, die Unersättlichen, die Brot-Brauchenden und nach Brot-Verlangenden.

■ Wir haben nötig das Brot für das Leben unseres Leibes. Unser Blauer Planet, auf dem wir leben, ist nicht nur der faszinierende. Er ist auch Jammertal (wie lange ist uns dieser Begriff madig gemacht worden als eine christliche Abwertung der Weltwirklichkeit!). Heute erspüren es wieder viele, dass Unrecht und Verelendung dieser Welt zum Himmel schreit. Alle vier Sekunden stirbt irgendwo ein Kind am Hunger. Im Sudan sind 4 Millionen Menschen unmittelbar durch Unterernährung und Verelendung in größter Not. Im Niger, wenn nicht Soforthilfe kommt, gehen ungezählte Millionen dem sicheren Tod entgegen wegen schrecklicher Dürre und Heuschreckenplage. Während der überschüssige Weizen der reichen Welt zu Energie verheizt wird. Brot für das Leben des Leibes: Dazu gehört auch der Skandal der Millionen Arbeitsloser bei uns und anderswo und die Tendenz, dass viele auch unter uns unter die Armutsgrenze geraten.

■ Wir haben nötig das Brot für das Leben unserer Seele. Lange unterdrückte und verleugnete Sinnfragen werden wieder hörbar, besonders auch unter jungen Leuten. Woher kommen wir, wozu sind wir da, wohin geht die Reise? Mählich bemerken wir es: Wir können doch nicht leben zwischen Klotzophon und Kontostand, zwischen Oberfläche und Lustgewinn, allenfalls vegetieren und gerade noch existieren. Daher suchen Menschen ernsthaft wieder nach Werten wie Treue und Vertrauen, Verlässlichkeit und Wahrhaftigkeit, Liebe, Leben, Frieden – gegen die Eskalation des Hasses, des Terrors, der Gewalt, der Untermenschlichkeit. Lasst doch nicht unsere Seelen verhungern!

■ Wir haben nötig das Brot für das Leben im göttlichen Bereich. Der verehrte Rabbi Schlomo (+1792) wurde einmal gefragt, was denn die schlimmste Tat des bösen Tuns sei? Er antwortete: „Wenn der Mensch vergisst, dass er ein Königskind ist." – Königskinder, Gotteskinder sind wir alle in unserer Einmaligkeit, in unserer Würde, in unserem Wert. Wir brauchen das größere Du, wir haben Gottes Brot, ihn selbst, lebensnötig, um dadurch erst Mensch zu werden. „Zu dir, o Gott, erheben wir die Seele mit Vertrauen …" Dann erst erfahren wir, dass wir gewollt, angenommen, geliebt sind. Nein, wir sind keine Alltagsfliegen, wir sind erwählt und bestimmt zur Erfüllung, zur Vollendung, zur Glückseligkeit in Gott.

■ Bei allem guten Willen, wir werden einander mit unserem Brot, mit dem irdischen und kargen, das wir geben, nie ganz satt machen und zufrieden machen können. Fünf Brote und zwei Fische sind dafür nie genug – ein kleiner Bissen nur für unterwegs, nicht mehr! – Mehr, viel mehr gibt uns Jesus, das menschgewordene „Täglich-Brot-gib-uns-heute"! Er lässt die Leute, vom abgelegenen Ort aus und am späten Abend, nicht weggehen. Obwohl die Jünger rigoros meinen: Schick sie doch weg! (Eine unmögliche pastorale Einstellung, wie ich meine.)

Jetzt gibt Jesus den Menschen seine Speise, sein Mahl, das Sakrament, das auf die Fülle und Vollkommenheit des Gottes-Tisches hinweist. Es ist eucharistische Stunde: Er blickt auf zum Geber aller Gaben, er spricht das Dankgebet und den Lobpreis, er bricht das Brot und gibt es seinen Jüngern zum Weitergeben und Austeilen (mehr können wir nie tun!). Nehmt mich – für euch! Und alle essen davon und werden satt! Und es bleibt noch viel übrig für die nächsten, die hungrig sind. So müssen, dürfen wir Eucharistie leben – als Quelle und als Mitte und als Höhepunkt unseres Glaubens und Lebens. Geben wir uns da gar nie mit einem Minimalismus zufrieden, auch nicht in Zeiten des Priestermangels! Ich bitte Sie sehr darum!

Uns ist der Auftrag gegeben: Gebt ihr den Menschen zu essen! Unsere Kirche, wir alle, sind verpflichtet, das gute Brot Christi, ihn selber, unseren Brüdern und Schwestern weiterzugeben, damit auch sie das Leben haben.

Ernst Wiechert, der Schriftsteller und Mahner nach dem Krieg 1945, sagt's mit diesem Vers: „Und gib, dass es mir niemals fehlt an dem, wonach mein Herz sich quält: ein bisschen Brot und viel Erbarmen!"

19. SONNTAG IM JAHRESKREIS
JESUS IM BOOT (Mt 14,22-33)

■ „Als die Nacht hereinbrach – und das Boot schon viele Stadien vom Land entfernt war, wurde es von Wellen und Wind hin und her gerissen" (Mt 14,24).

Nacht wird es in unserem Leben immer wieder, wenn Lichter abnehmen oder verhangen sind, die uns bisher geleuchtet und freundlich begleitet haben: Habseligkeitslichter, die wir verlieren oder hergeben müssen, gesichertes Auskommen und Gesundheit; Menschenlichter, die uns enttäuscht oder verlassen haben; auch Gotteslichter, die unser Leben bislang begnadeten und begleiteten. Das macht uns ausgesetzt und verzagt.

Das Boot – ein Bild für uns selbst und die Kirche – muss vom festen Land sich hinauswagen aufs Wasser, um ans andere Ufer zu kommen. Das ist die Bestimmung des Bootes. So sicher ist das Boot nicht, wie wir manchmal meinen. Es kann auf einer langen Ausfahrt Segel und Ruder verlieren, es kann leckschlagen und kentern. Wieviel Stadien (1 Stadie = 160m) haben wir schon geschafft, wieviele liegen noch vor uns, bis wir ankommen?

Wasser und Wellen wollen bestanden werden, nicht nur die blauhellglitzernden unserer guten Tage, auch die dunklen und bedrohlichen, Schweres und Leidvolles, das über uns kommt. Wind und Sturm kennen wir doch auch, Widriges und Bedrängendes, das uns ins Gesicht bläst und uns hin und her schmeißt. „Das Leben ist eines der schönsten, das man hat. Es bleibt kaum einem erspart!"

■ „In der vierten Nachtwache kam Jesus zu ihnen. Er kam auf dem See. ... Sie schrien vor Angst. Doch Jesus begann mit ihnen zu reden und sagte: Habt Vertrauen, ich bin es; fürchtet euch nicht!" (Mt 14,25-27) In der letzten Nachtwache, kurz bevor es Tag wird, kommt eine Lichtgestalt in die Finsternis der Jünger, kommt eine Lebensgestalt gegen den Tod. Es ist Jesus, der Herr; mitten in den lebensbedrohlichen Wassern, der auf dem Wasser geht, der über dem Tod steht, der ihn bestehen wird in seiner Auferstehung. Im letzten Moment, wenn wir nicht mehr können, wenn unser Dagegenhalten am Ende ist, wenn wir an unsere existentielle Grenze geraten sind – die Jünger schreien vor Angst –, ist er da, lebendig und lebenerwekkend. Und in ihm ist Gott selbst da mit seiner Kraft in unserer Schwäche, mit seiner Ermutigung in unserer Verzagtheit, mit seiner Nähe in unserer Verlassenheit, mit seiner Treue in unserer Verlorenheit. – Das ist die glaubwürdige Erkenntnis der Jünger und der nachösterlichen Gemeinde. Darauf gründen und setzen sie ihr Leben. Diese tragende und haltende Erfahrung wollen sie den nachkommenden Gemeinden und der Kirche von heute, uns allen als Zusage und als Ermutigung weitergeben. Deshalb: Habt keine Furcht, vertraut mehr und vertraut mir! Jesus gibt keine Durchhalteappelle, aber er kommt mit ins Boot. Er ist mitten da in der Gemeinschaft, heißt das, er ist unsere innerste Mitte. Ängste und Gefahren verlieren damit ihre Bedrohlichkeit, und Stille und Geborgenheit kehren in uns ein.

■ Petrus sagte: „Herr, wenn du es bist, so befiehl, dass ich auf dem Wasser zu dir komme. Jesus sagte: Komm! Da stieg Petrus aus dem Boot und ging über das Wasser auf Jesus zu. Als er aber sah, wie heftig der Wind war, bekam er Angst und begann unterzugehen. Er schrie: Herr, rette mich! Jesus streckte sofort die Hand aus, ergriff ihn und sagte zu ihm: Du Kleingläubiger, warum hast du gezweifelt?" (Mt 14,28-29.31-32)
Sollte das ein Test sein auf Jesu Verlässlichkeit und Wirkmacht? Solange der Erstapostel, und mit ihm wir, auf Jesus schauen, trägt uns das Wasser. Die Abgründe unserer Gefühle und Stimmungen können uns nicht verschlingen. Das ist gewiss. – Wenn wir aber wieder um unser eigenes Ich herumzappeln, dann ist es wieder aus mit uns. Dann muss Jesus eingreifen.

Und er greift zu und zieht mit seinen ausgestreckten, entgegenstreckenden Händen uns, die sinkenden Jünger, ins Leben. – „O, ihr Kleingläubigen!", sagt uns Jesus. „Wisst doch endlich: Wer sich festmacht in mir, der ist von mir gehalten. Wer glaubt, der braucht sich nicht zu ängstigen: Gott hat alle Möglichkeiten der Hilfe und der Rettung. Glaubt – und ihr werdet leben!"

20. SONNTAG IM JAHRESKREIS
JESUS – HEILAND FÜR ALLE (Mt 15,21-28)

■ Eine Frau, die nicht locker lässt: Lästig, wie diese Frau rufend zu Jesus kommt, hinter ihm herschreit, ihn anbettelt! Ok, sie mag in Not sein. Aber eigentlich hat sie gar kein Recht, Jesus zu beanspruchen. Sie ist Kanaanäerin aus der Gegend von Tyrus und Sidon, hoch im Norden Galiläas gelegen. Mit diesen Leuten will kein Jude etwas zu tun haben. Sie sind Heiden, und ihre Religion ist suspekt mit Menschenopfern und Tempelprostitution. Die israelischen Propheten haben davor gewarnt und darüber gewettert. Aber die Frau lässt sich nicht abbringen. Ihre Tochter ist krank, von einem Dämon geplagt. Wenn einer, dann kann sie dieser Jesus, von dem sie schon gehört hat, davon befreien. „Herr, du Sohn Davids (auch das weiß die Frau), hab doch Erbarmen!" Unwahrscheinlich, was diese Frau und Mutter Jesus zutraut und wie sie ihm vertraut!

■ Jesus aber scheint zu überhören: Auf den Anruf der Verzweifelten gibt er keine Antwort, wie wenn ihn ihre Sorge nichts anginge. Die Frau könnte wahrhaftig enttäuscht sein: So also ist dieser Herr, so ohne Herz!, könnte sie denken. Jedoch, so reagiert sie eben nicht. Auch nicht nach dem mitgehörten Männergespräch mit seinen Jüngern. Er weiß sich zu den Völkern Israels gesandt; *sie* zu retten sei er gekommen, sagt er – und erklärt damit sein Verhalten und seine Zurückhaltung. Und es ist ein hartes Wort – das man Jesus gar nicht zutraut: „Es wäre nicht recht, den Kindern des Hauses Israel das Brot wegzunehmen und den Hunden, den Heiden, den „gojim", vorzuwerfen!" – Erstaunlich: Die Frau geht auf Jesus ein: „Du magst ja recht haben. Aber selbst die Hunde bekommen von den Brotkrumen, die vom Tisch ihrer Herren fallen." Das ist umwerfend, auch für Jesus. Er ist tief berührt. Und wie in einer inneren Entwicklung, die auch Jesus als Mensch durchmacht, wird sein Blick weit und weiter wie die Welt. Er ist für alle da, der Heiland für Juden und für Heiden. Das mussten auch die ersten christlichen Gemeinden lernen, dazulernen: Jesus hat den Auftrag des Vaters für alle da zu sein, für Gerechte und für Sünder, für Wissende und für Suchende, für Reiche und für Arme. Deshalb ist die Kirche geheißen und gehalten, allen ihre Türe aufzuschließen, hereinzulassen und aufzunehmen, aber auch hinauszugehen „in alle Welt", zu denen, die ihn annehmen und ihn brauchen – als Heiland und Heilbringer.

■ Was der Glaube erwirkt: Jesus gibt der bittenden Kanaanäerin die erlösende und rettende Antwort: „Frau, dein Glaube ist groß. Was du willst, soll geschehen!" – An dieser fast unverschämt Bittenden zeigt sich, was glauben heißt. Glauben ist nicht allein das Wissen von Glaubenssätzen des Credos: Gott ist mächtig. Es ist auch nicht nur das Fürwahrhalten von Gehörtem: Jesus – Heiler und Davidssohn. Glauben ist immer eine personale Beziehung: Ich kann Gott vertrauen und ich kann mich Gott anvertrauen. Er weiß um mich und er meint es gut mit mir. Ich kann mich ans Herz Gottes werfen, cor dare (credo) – ihm mein Herz übergeben und überlassen, mein Leben in ihm festmachen. So wie Abraham, den wir Vater des Glaubens nennen, und wie Maria, die unsere Schwester im Glauben ist. Solcher Glaube ist Wagnis auf Gott hin. Auf ihn hin kann ich alles riskieren: Gott, du lässt mich nicht verloren sein; mein Leben wird gut, weil du es gut machst! – Aber was ist mit den anderen Erfahrungen? Wie oft schon hat Gott geschwiegen? Wie oft scheint er an uns vorbeigegangen zu sein und uns vergessen zu haben? Wie oft kam alles so anders, als wir erwartet und erbeten haben? Dann sind wir gefordert zum Dennoch-Glauben, zum Trotzdem-Glauben. „Ich lasse dich nicht los, bis du mich segnest", wie Jakob, der eine ganze Nacht mit dem Engel Gottes gerungen hat (Gen 32,27). – Gott, ich weiß, du bist Geheimnis, nicht verfügbar und du bist anders, als ich denke. Dennoch, lass mich nie aufhören, dir zu sagen, was mich bewegt. Lass mich nie stumm werden vor dir, auch nicht im Glaubensdunkel und -zweifel. Gib mir Geduld, die Fragen meines Herzens auszuhalten, solange du schweigst. Ich glaube an dich!

WER BIN ICH FÜR DICH? (Mt 16,13-20)

■ Jesus fragt: „Für wen halten die Leute den Menschensohn?" Ist das eine Art Meinungsumfrage? Wie ist mein Ansehen unter den Menschen? Wie komme ich bei ihnen an?

So fragen wir auch gelegentlich: Für wen hältst du mich eigentlich? Wir wollen, dass andere uns sehen, wie wir wirklich sind. Jugendliche fragen so: Meinst du, ich sei immer noch ein Kind? Liebende fragen so: Was bin ich für dich? Brauchst du mich bloß oder bin ich dir mehr? Wer bin ich für dich, fragt auch Jesus. – Die Leute haben ihre Antworten bereit: „Johannes der Täufer". Aber Jesus ist mehr. Er ist nicht nur der hinweisende Gottes-Zeigefinger (nach mir kommt der, der erlöst), er ist Gottes gute Hand, in die wir uns fallen lassen dürfen. Oder „Elija". Jesus ist anders: Er ist nicht nur der Gottes-Streiter, der gegen die Baalspriester kämpft, er ist Gottes-Liebhaber, der sein Erbarmen bringt. „Oder sonst einer der mahnenden Propheten." Jesus ist Gottes Wort selber, gültig, gut, frohmachend. Und Jesus provoziert weiter: „Und ihr, für wen haltet ihr mich?" Was bin ich für euch? Wer bin ich für euch?

■ Wir können darauf antworten mit Formeln, mit Glaubenssätzen, mit Dogmen. Wir können sagen: „Jesus, du bist Gottes eingeborener Sohn, unser Herr; Gott von Gott, Licht vom Licht, wahrer Gott vom wahren Gott." Ja, das ist wahr. Aber das ist zu wenig, zu wenig existentiell, zu wenig betreffend. Wir können sagen: Du bist Heiland, der die Gebrechen und Krankheiten von uns Menschen zu heilen vermag und auf sich nimmt. Oder: Du bist der gute Hirt, der kam, zu suchen, zu finden und heimzutragen, was verloren war. Oder: Du bist der Gekreuzigte, der sich ins Holz hineinhauen ließ, um uns aus Schuld und Tod zu befreien. Dennoch, das ist immer noch nicht genug. Es gibt 30 Namen für Jesus und mehr: Vom „Jesuskind" bis zum „Retter", vom „Sozial-Revolutionär" bis zum „Superstar", vom „Menschen- und Gottesknecht" bis zum „Bruder". Alle diese Namen jedoch können nicht aussagen und deuten, was Jesus für uns ist. So fragt Jesus, wie Liebende fragen. Er fragt nicht unser angelerntes Glaubenswissen ab, er fragt nach unserer Herzens-Rührung und nach unserer Herzens-Zuwendung. Was bin ich für dich? Wer bin ich für dich?

■ Ja, wir wollten es schon mit ihm halten. Wir möchten ihm nachfolgen und bleiben dann doch wieder hocken, wo wir sind. Wir möchten Jesus bekennen und sind doch oft Leisetreter, wenn es in Diskussionen um ihn geht. Wir möchten leben wie er und können doch nicht so lieben und vergeben. Wir möchten sein Kreuz auf uns nehmen und sagen schon im voraus, aber bitte nicht so schwer. Wir möchten schon als Christen leben und leben doch als angepasste Neuheiden. Wir möchten, wir möchten ... Dass wir auch nicht über unsere Halbherzigkeit und über unser Mittelmaß hinauskommen!

Wie können wir denn zu mehr Entscheidung und Entschiedenheit für Jesus und seine Sache kommen? Zum ehrlichen Wort: Ja, wir wollen dich mehr kennen und konsequenter anerkennen; wir wollen dir nachfolgen und dich lieben?

Wichtig ist das Wissen, dass sich unser Christsein nicht mit Formeln erledigen lässt; dann ist es erledigt. Nachfolgen in Jesu Spur hat mit unserem ganzen Leben zu tun, wenn es zu bleibendem Leben kommen will. Wichtig ist, dass wir uns ehrlich einlassen mit Jesus, und ihn einlassen, dass er uns bestimme. Dir gehöre ich! Ich vertraue dir und vertraue mich mit allem dir an – mit weniger geht's wohl nicht! Du bist mir alles, mehr als alles in der Welt! Wichtig ist, dass wir uns als Jesu Boten (die heißen im Evangelium „Apostel") gesendet wissen, den Menschen wenigsten ein wenig vom Geiste Jesu zu bringen, von seinem Leben, von seiner Menschenfreundlichkeit, von seiner Befreiung zu Versöhntheit und zum Frieden.

Vielleicht ist das dann die gültigste und glaubwürdigste Antwort auf Jesu Anfrage: Jesus, das alles bist du für mich und mehr, das bist du für alle Menschen. Daran glaube ich, daraus lebe ich, dafür trete ich ein – für dich!

22. SONNTAG IM JAHRESKREIS
UNSER KREUZ MIT DEM KREUZ (Mt 16,21-27)

■ Wir alle, du und ich, sind Verwandte von Petrus. Wenn alles gut geht auf dem Jesusweg, sind wir dabei, begeistert und glücklich. Wenn Not, Leiden,

Zerbruch und Sterben uns zugemutet werden, dann fallen wir in Verzagtheit und Depression: Herr, lass es vorbeigehen! Umjubelter Einzug in Jerusalem, ja! Aber doch nicht Gefangennahme, Verurteilung, Entehrung, Kreuztragen und Sterben am Kreuz: Herr, das darf doch nicht sein! Wir haben es mehr mit der runden Säule des Dionys, mit Erfolg und Lust, als mit dem wehtuenden Kantholz Jesu. Das war damals so, das ist heute noch gleich. Petrus, und in ihm wir alle, bekommt für solche Einstellung eine deutliche Abfuhr. Er und wir müssen eine Korrektur unseres Denkens und unserer Einstellung einstecken. Du, Petrus, stehst quer zu Gottes Weg (Mt 16,2). Ihr alle widerstrebt, euch in Gottes Weisung einzufügen.

■ Aber, warum muss das sein, dass Jesus hinaufgeht nach Jerusalem? Er weiß doch, dass sie ihm dort Fallen stellen, um ihn zu Fall zu bringen. Er hätte ausweichen können. In seiner Heimat Galiläa am See würde ihm keiner eine Schlinge um den Hals legen. Warum muss das sein, dass der Sohn Gottes und der Freund der Menschen an den Schandpfahl muss? Die Liebe Gottes in Person mundtot gemacht und grausam hingerichtet wird? Ertragen die Menschen denn gar nicht seine Freundlichkeit und Güte? – Und warum muss das Kreuz in der Welt sein, das dunkle, das belastende, das unverständliche? Das Kreuz, das sich die Menschen oft genug selber sind und das Kreuz, das Gott zulässt oder zumutet?

Das alles verstehen wir nicht, besonders dann nicht, wenn es uns selber trifft. Das Kreuz soll der Ernstfall des Glaubens und unserer Christus-Nachfolge sein? Muss die Selbstverleugnung sein, das Sich-Hintanstellen, das Sich-Vergessen mit den eigenen Ansprüchen und Bedürfnissen, das Sich-Hergeben? Im Kreuz soll Heil, soll Friede, soll Segen sein? Letztendlich fragt auch Jesus seinen Vater in seiner Todesnot und in seiner Todverlassenheit: Warum ich, warum jetzt, warum so? Eine schnelle und deutende Antwort lässt sich darauf nicht finden. Vielleicht können es nur die, die schon selbst im Kreuz gewesen sind. Und die ahnen, dass Liebe und Leid sich nahe sind, dasselbe sind; der Lebensvollzug Jesu: Seine Liebe, die im Kreuz ganz gültig und glaubwürdig geworden ist.

■ Aber nocheinmal: Warum musste Jesus hinauf – nach Golgotha, vor die Stadt (ausgestoßen von der Menschheit und doch für sie da) und hinein ins

Kreuz? Die Überlieferung sagt's: Er muss gehen, er muss leiden, er muss sterben. Jesus steht unter diesem „göttlichen Muss", für die Wahrheit Zeugnis zu geben vor der Kurie der damaligen Zeit und für die ihm anvertrauten Menschen sterbend zum Leben zu werden. – Wir können nicht anders, als uns dieser Botschaft anzunähern. Sie ist eine zentrale und unumgängliche Botschaft Jesu, so paradox und unbegreiflich sie uns ist. Gottes Wege sind nicht unsere Straßen, Gottes Gedanken sind nicht unsere Erwartungen, Gottes Fügungen sind nicht unsere Entscheidungen: „Und führen, wohin wir nicht wollen" (nach Joh 21,18)! Wenn Gott diesem Weg zugestimmt hat für seinen Gottes- und Menschenknecht Jesus, dann gehören Schmerz, Leiden, Sterben nicht mehr der Sinnlosigkeit an. Dann hat das Leidensthema – und es ist immer auch das gültigste Liebesthema – göttliche Dimension und göttliche Sinnerfülltheit. Wenn wir einen liebenden Gott glauben können, dann dürfen wir auch wissen, dass er niemals uns Menschen hinrichten will: Seine innerste Absicht ist es, uns herzurichten. Dieses will er und nur dieses, wenn wir lieben und wenn wir leiden, wenn wir liebend leiden und wenn wir leidend lieben. Unsere Dunkelheiten werden sich lichten zu Gottes Herrlichkeit: Im Kreuz ist Leben. Lässt uns das nicht, trotz aller Warumfragen, trotz des dunklen Geheimnisses „Kreuz" (wie weit ist uns doch „der dunkle Gott" fern!) hoffen, erwarten, vertrauen, dennoch vertrauen!

23. SONNTAG IM JAHRESKREIS
UNSERE EIGENTLICHE MITTE (Mt 18,15-20)

■ Ein eigenes Kapitel, es ist das 18. bei Matthäus, ist mit „Gemeindeordnung" überschrieben. Dabei werden konkrete Situationen angesprochen, die bis heute in christlichen Gemeinden und Gemeinschaften aktuell sind. Da entfremdet sich einer, er fehlt im Gottesdienst. Dort ist jemand, der seine eigenen Wege geht, er fühlt sich bei uns nicht mehr wohl. Dann müssten wir sie einfach ansprechen und haben doch nicht den Schneid dazu. Nein, nicht um ihnen den Kopf zu waschen oder ihnen moralisierend eine Korrektur zu verpassen (correctio fraterna). Einfach um ihnen zu sagen, dass sie uns fehlen, dass sie uns wert sind – und sie heimzubitten. Und ihnen das Allerschönste zu sagen: Da wartet einer auf dich. „Denn wo zwei oder drei in meinem Namen versammelt sind, da bin ich mitten unten ihnen" (Mt 18,20).

■ Unter euch – auch wenn ihr nur zwei fragende und suchende, offene und glaubende Menschen seid. Menschen in einer stetigen Minorität und Diaspora, verschwindend klein und verloren verstreut. Wenn zwei zusammenkommen, ist das die erste Mehrheit in unserem Zahlensystem, ist das schon Duplizität, eine Zweiheit, die fähig ist, miteinander zu begegnen, miteinander das Wort Gottes zu hören und zu bedenken, miteinander das Brot Christi zu brechen und seine Liebe zu teilen. – Und erst, wenn es drei sind! Drei sind schon mehr als zwei. Aus dem Dreieck ist zu früher Zeit in Höhlenzeichnungen das Symbol des Herzens entstanden. Die Drei sind vereint in Glaube, Hoffnung, Liebe – in den drei Gottestugenden. Und sind in der Zahl des Geheimnisses „Gott", im Zeichen der Trinität. „Wo zwei oder drei …" Es ist nicht die grosse Menge, die eine christliche Gemeinschaft ausmacht. Es sind zwei/drei Gotteskinder, geliebt und geküsst von Gott. Das macht das Wunderbare aus, wenn Menschen beieinander sind – und das im Namen Jesu, unter seinem Segen, in seinem Leben!

■ Unter euch – ist Jesus, wenn Menschen sich aufmachen, jeden Sonntag, oft auch an Werktagen. Immer gehen sie einen Weg, suchen sie den Weg, der sie (auch beschwerlich im Alter) zu Gottes Heiligtum führt. Sie brauchen Gottes Nähe, sagen sie. Es wäre für uns nicht Sonntag. Sie erbitten neu Gottes Kraft und Leben. Dann versammeln sie sich – aus der Vereinzelung in die Gemeinschaft. Meist waren sie sich anfangs fremd und sind doch miteinander vertraut geworden. Jedes ist anders und dennoch spüren sie: Wir gehören zusammen, wir sind eine Familie, nur mit anderen Namen. Oder ist es doch derselbe: „Wir heißen Kinder Gottes und wir sind es" (1 Joh 3,1). Wer sich so versammelt, versammeln lässt durch inneren Anstoß und Antrieb, der baut Gemeinde Jesu auf, der bildet sie, der ist sie. Die andern, die wegbleiben, verweigern die Gemeindezusammenführung, verunmöglichen den Gemeindezusammenhalt und verneinen das Gemeindeaufblühen und -reifen und -wachsen.

Zum Sich-Versammeln gehört gewiss auch das Sich-Sammeln, das Herbeirufen seiner Gedanken, seiner seelisch-geistigen Kraft. Dabei müssen wir unsere Welt und unsere persönliche Situation nicht an der Kirchentüre abgeben, um sie nachher wieder abzuholen. Alles dürfen wir Gott bringen, das Große/Erhabene und das Kleine/Mickrige, das Gute (das wir tun durften durch Gottes Gnade) und das Armselig/Schuldige unseres Lebens. Aber hingerichtet auf unseren Gott bringen wir es, uns bewusst werdend, wem wir begegnen: Gott, dem Heiligen und Unendlich-Großen. In Ehrfurcht, sagten unsere Vorfahren, in Andacht, im Gesammeltsein vor dem, der uns in sein Geheimnis einlässt.

■ Unter euch – ist Jesus da, für euch da. Wer erinnert sich dabei nicht an den Gottesnamen „Jahwe": Ich bin da! Jesus ist da, mitten unter uns, für uns – als unsere Mitte, die uns zusammenruft zur Gemeinschaft und Einheit mit ihm. Als die Mitte unseres Lebens, als die Nabe unseres Lebensrades, die alles zusammenhält. Als die Mitte für unser Dasein, die als Gottes-Quelle reines und erfrischendes Leben verströmt. „Wer Durst hat, komme zu mir und trinke" (Joh 7,37). – Könnten wir uns heute, am Sonntag, und immer wieder Schöneres und Frohmachenderes zusprechen als dies: „Wo zwei oder drei in meinem Namen versammelt sind, da bin ich mitten unter ihnen da", spricht Jesus?!

24. SONNTAG IM JAHRESKREIS
LIEBE VOLLENDET SICH IN DER VERGEBUNG
(Mt 18,21-35)

■ Kontrastreicher, schockierender, eindringlicher geht's wohl nicht. Eine Geschichte, die im Umfeld Jesu passiert sein könnte. Eine Geschichte, die sich heute leider x-mal wiederholt. Ein leitender Angestellter unterschlägt, verschiebt, vertuscht, bis einer dahinterkommt. Schaden für den Chef: 50 Millionen. Jetzt ist er dran, der Kavalierskriminelle. Er antichambriert, er buckelt, er verspricht Rückzahlung, Wiedergutmachung, was er nie halten kann. Und der wohlwollende Chef hat Mitleid und schenkt ihm die ganze Schuld. Noch einmal davongekommen – durch Gnadenerlass, fast zu billig!

■ Der kleine Mitarbeiter ist im Gegensatz dazu nur ein Bagatell-Schuldner des leitenden Angestellten. Er hat von ihm einmal 50 Euro geborgt, war knapp bei Kasse. Und, was ihm jetzt rücksichtslos und hart angelastet wird, er hat diesen Minimalbetrag nicht gleich zurückbezahlt. Sein Vorgesetzter macht ihm die Hölle heiß. Er packt ihn, würgt ihn, bringt ihn vor den Kadi und ins Arrest. Recht muss schließlich Recht bleiben!

Die Einstellung des Chefs kippt um, als er das erfährt. So ein brutaler, herzloser Bursche! Hättest nicht auch du Erbarmen, misericordia, Mitleid mit dem Elenden haben müssen! Ab mit dir zu den Folterknechten! Ein solches Fehlverhalten, soviel unmenschlich Gehässiges fordert Strafe und Bestrafung!

■ Ausgelöst wurde diese betroffenmachende Geschichte Jesu durch die Anfrage des Petrus: Herr, sag mal, wieviel müssen wir denn einem an uns Schuldiggewordenen vergeben? Siebenmal, meinen manche Schriftausleger. Das ist nicht wenig: Siebenmal einem Schuldner wieder auf die Füße zu verhelfen, siebenmal ihm die Chance eines Wiederanfangs zu geben – durch unsere Vergebung. So weit also müsste das Entgegenkommen für einen anderen gehen, so weit, dann aber ist das Ende der Fahnenstange erreicht. Petrus denkt wie wir, und wir wie Petrus. – Das aber ist für Jesus nicht genug. Siebenundsiebzigmal, provoziert er uns. Zählt nicht, rechnet nicht mit eurem menschlichen Maß, ihr Gesetzes- und Gerechtigkeitsfanatiker. Der Mensch, jeder Mensch braucht mehr an Nachsicht, an Geduld, an Barmherzigkeit, an Vergebung. Ihr seid füreinander auf Gottes Maß verpflichtet, und das heißt: Maßlosigkeit an Liebe, ohne zu zählen, ohne aufzurechnen. Denn Gott ist ein Gnadenfanatiker. Das tiefste Geheimnis seiner Liebe ist, dass sie verzeihen und vergeben und vergessen kann. Und dies immer im Verhältnis 50 zu 50 Millionen! Gott lässt sich von seinem Erbarmen nichts absprechen.

Wenn wir ehrlich sind, dann müssen wir doch dankbar bekennen: Ja, so haben wir es erfahren in unserem Leben. Wie oft sind wir schwach und arm gewesen, wie oft sind wir gestrauchelt und gefallen, wie oft haben wir uns verfehlt und haben gesündigt gegen unsere Mitmenschen und gegen unseren Gott. Hätte da einer einmal gesagt: Jetzt ist es aber genug, jetzt habe ich an dir genug, dann wären wir Verurteilte und Verlorene. – Das aber, was wir erfahren haben an Barmherzigkeit und Erbarmen, das soll dann auch unser Mitmensch durch uns erfahren dürfen. Von dem *wir* leben Tag für Tag, davon sollten auch andere leben können. Uns verpflichtet Gottes Maß!

■ Um diesen Spurwechsel, um diesen Gesinnungswandel für unsere Einstellung und Haltung geht es. Zu diesem neuen Denken müssen wir kommen: Wir dürfen Erbarmen und Vergebung annehmen, wir müssen jedoch Erbarmen und Vergebung auch gewähren. Davon lebt unser Nächster, dadurch lebt er auf. Das wissen wir doch von uns selbst. Unvergebenes und Unversöhntes bedrückt uns, beeinträchtigt uns, macht uns depressiv und krank. Schuldenerlass und Schuldbefreiung jedoch lässt uns wieder aufatmen und durchatmen und gesundatmen. Wir sind nicht mehr „gepackt" und „gewürgt", wir sind wieder frei – und leben! Barmherzigkeit, Erbarmen, Vergebung, Versöhnung – sie werden zum Schlüsselwort für Gesundung und Auferstehung. Dieser Mensch ist im Frieden, weil sein Herz Gnade und Heil erfährt, die Begnadung und das Heilen von Gott selbst.

25. SONNTAG IM JAHRESKREIS
DIE ORDNUNG GOTTES IST MEHR ALS GERECHT
(Mt 20,1-16a)

■ Schon wieder der Petrus – in seiner direkten Art! Er muss einfach aussprechen, was mit ihm umgeht. Am See bei Kapharnaum dümpelt sein Boot. Die Netze hängen schlaff im Wind. Der Fischer hat alles hinter sich gelassen. Wochenlang zieht er mit Jesus von Ort zu Ort, zu den Menschen, ist Zeuge seiner Sendung. Welchen Lohn hat der Meister eigentlich dafür in Aussicht gestellt? Ist das Petrus in uns, der so fragt, oder sind das wir in Petrus? Seine Frage ist doch auch unsere Frage. Was ist der Stundenlohn, der Tageslohn, der Jahreslohn bei der Firma „Vater und Sohn"? Das wird man doch fragen dürfen. Sagte es Jesus nicht selbst: „Denn wer arbeitet, hat ein Recht auf seinen Unterhalt" (Mt 10,10)? Jetzt bin ich doch mein Lebtag bei dir – 50, 80 Jahre! Wann zahlst du mich denn aus und wie wirst du mich entlohnen? In der damaligen jüdischen Lohn- und Vergeltungslehre muss der Lohn der Leistung entsprechen. Im heutigen Tarifrecht erst recht. Allzu leicht rutscht uns unser religiöses Tun in dieses Denken hinein: Ich geb dir, du gibst mir (möglichst doppelt zurück)! Und wenn es nicht hinhaut, wie wir uns das vorstellen, dann gehen wir (wie weiland die Gewerkschaft) gegen unseren Arbeitgeber „Gott" auf die Straße. Kennen wir doch: Wir haben so recht gelebt, warum mutet uns Gott diese Erkrankung, diesen Berufsverlust, diesen Zerbruch zu? Ist das sein Lohn, soll das seine Gerechtigkeit sein! Nein, wir sind nicht so absichtslos und auch nicht gleich zufrieden. Wir klagen unser Recht gegen Gott ein, machen ihn zu unserem Schuldner.

■ Dem ist doch so. Wir schlucken nicht ohne weiteres, wie der große Weinbergbesitzer und Arbeitgeber mit uns verfährt. Der *eine* Denar (rund 50 Cent nach heutiger Währung) für eine Stunde und für den ganzen Tag! Unmöglich, dass er dem Letzten ebenso gibt, was er schon für die Ersten versprochen hat. Gleicher Lohn für die ungleiche Arbeit! Das ist eine Zumutung, das ist eine Ungerechtigkeit sondergleichen!

Gut, in Ordnung, dass der Winzer auf die Straße geht (auch ohne die Agentur für Arbeitsvermittlung). Ok, dass er jeden zur Arbeit mitnimmt, ohne nach seiner Qualifikation zu fragen. Dass er nicht nur Supertypen einstellt, sondern jeden mit seiner Begabung. Jeder hat bei ihm die Chance, mitzukommen, mitzuarbeiten, mitzuleben. Keiner ist der Leere und der Sinnlosigkeit überlassen. Alles prima! Wenn dann nicht die enttäuschende Endabrechnung wäre: Ein Denar seiner Vereinbarung, ein Denar seiner Entlohnung, ein Denar seiner Gerechtigkeit! Das ist ein Gnadenlohn. Richtig, da liegen wir nicht falsch. Ist bei Gott nicht alles ein Gnadenwort und ein Gnadenbrot? Vielleicht ist es wirklich so, dass trotz unseres inneren Aufbegehrens und Protestes dennoch keiner zu kurz kommt.

■ Gott hat seine eigene Mathematik, bei ihm gibt's das Beste im Gratisangebot. Ein italienisches Sprichwort bemerkt: Gott hat nicht unbedingt am Monatsersten die Lohntüte für uns bereit. Er hat seinen Tag zur Abrechnung und auch seine Art zu geben – in einer überraschenden Güte.

Gott ist, so wird es sich zeigen, mehr als gerecht! Unsere Denkmuster passen da nicht.

■ Wieder geht's um das Umdenken und um das Umkehren – ganz grundsätzlich. Wir müssen es uns sagen lassen – und das Gleichnis Jesu tut es: Unseren selbst-„gemachten" Gott gibt's nicht. Der Götze unserer Kinderwünsche kann vergessen werden. Wir können Gott nicht berechnen wollen: Ich geb dir meine religiösen Verrichtungen, du gibst mir dafür den ewigen Lohn. Nein, so nicht. Gott ist immer anders als unser kaufmännisches Zahlenspiel, als unsere Spekulation. Gott ist größer als unser Herz (1 Joh 3,20) und gibt stets anders und immer mehr als jedem zukommt. Das ist es doch, was es uns schwer macht, mit unserem Gott „zurecht" zu kommen. Deshalb muss der „selbstgemachte" Gott (Du sollst dir von ihm kein Bild schnitzen/Ex 20,4) vom Sockel: Gesegnet ist jede Enttäuschung, das Ende einer Täuschung, damit der wahre Gott in uns leben kann! Und dem geht es – laut Aussagen Jesu – darum, dass er uns beschenken und begnaden darf, ob nun verdient oder unverdient. Gerade so und mehr, wie es ein Vater mit seinen Kindern hält: Kind, ich mein es gut mit dir!

26. SONNTAG IM JAHRESKREIS
EUER JA SEI EIN JA (Mt 21,8-32)

■ Keine Frage: Ein wahrhaftiger und verlässlicher Mensch ist uns lieber als ein unzuverlässiger Kadett, der viel redet, der schnell verspricht und doch nichts hält. Sein Wort gilt wenig. Einmal enttäuscht, haben wir einfach nicht oder nicht mehr das Vertrauen zu ihm. „Euer Ja sei ein Ja, euer Nein ein Nein", sagt deshalb Jesus (Mt 5,37). Da braucht's kein Schwören und keinen Eid, wo Gott als Zeuge bemüht wird. Dem Christusjünger steht Lüge und Verschmierung nicht an. Sein Wesen ist lauter und eindeutig und wahrhaftig. Jakobus wiederholt das später in seinem Pastoralbrief (Jak 5,12). Eine Gemeinschaft unter Menschen, besonders die der Ehe und Familie, ist einfach undenkbar ohne Redlichkeit und Zuverlässigkeit. Sie ist darauf geradezu existentiell angewiesen. Wenn ein gegebenes Wort nicht mehr gilt, dann geht der „Laden" auseinander. So wie das bedachte und sichere Wort der Boden ist, der hält und trägt, der wachsen und gedeihen lässt – Verbundenheit und Zusammenhalt. Paulus vertieft diese Bemühung und Haltung; er weist auf Christus hin, er begründet sie mit Christus: „Der Sohn Gottes war nicht Ja *und* Nein. In ihm ist das Ja verwirklicht (zur Wirklichkeit, zur Wahrheit geworden). Er ist das Ja zu allem, was Gott verheißen hat" (2 Kor 1,19). Gott also ist der große Ja-Sager: Ja sagt er zu uns und nimmt es nie zurück; er bejaht uns, so wie wir geworden sind, auch in unserem Versagen und in unserer Schuld: Von seinem Ja dürfen wir leben! Ob Gott, das ist die Frage, auch von unserem Ja „leben" kann?

■ Nichts anderes spricht das Gleichnis Jesu von den „ungleichen Söhnen" an (Mt 21,28-32).

Der erste Sohn, wohl der ältere, ist ein schneller, devoter Ja-Sager. Der Autorität „Vater" gegenüber traut er sich nicht, offen zu widersprechen. Aus der Tradition weiß er: „Ehre deinen Vater und deine Mutter …" (Ex 20,12). Deshalb täuscht er Gehorsam vor – und macht dann doch, was er will. Das Ja rutscht ihm sofort über die Lippen in einer mechanisch-religiösen Eintrichterung und Einübung. Aber es bleibt nur bei äußerlicher Zustimmung. Sein Ja hat keinen Wert.

Der zweite Sohn, der jüngere, ist schon aus Prinzip gegen die Anweisung des Vaters: Schaff im Weinberg! Wie das eben so ist bei pubeszenten Burschen. In seinem Trotz und in seiner Aufmüpfigkeit verweigert er: Nein! Frech, grob, kräftemessend: Es fällt mir doch nicht ein, mach deinen Dreck alleine!

Bemerkenswert dann doch die Wende in der Geschichte Jesu: Der Ja-Sager wird zum Nein-Tuer. Der Kuscher wird zum Heuchler und kümmert sich keinen Deut um die Bitte seines Vaters. Er rennt in sein Eigenschicksal. – Der aufbegehrende Nein-Sager – durch Nachdenken und durch Reue – wird zum Ja-Tuer. Er ringt sich durch: Der Vater meint es gut. Also …

■ Das Wort Jesu ist Weisung für uns, ist zu unserer Einweisung in die Jüngerschaft aufgeschrieben und überliefert worden. Was will es uns sagen? Der Herr fragt: „Was meint ihr, Schriftgelehrten und Pharisäer (Mt 21,28), von damals? Was meint ihr, Jesusjünger, von heute?" – Sicher ist, nicht unser Wort entscheidet: Ja oder Nein oder Jein. Nicht das so hingesagte, wenig ehrliche. Nicht das halbherzige für Gott oder das trotzige gegen Gott und seine Fügung. Immer werden wir gemessen an unserem Tun, an unserer Tat, an unserem Leben, am Ernst unserer Nachfolge. Ja, möchten wir schon sagen. Aber wir müssen auch sagen: Gott, lass uns ein wenig Zeit, bis wir uns in dein Vorsehen mit uns einlassen können. Oft genug versuchen wir auch, mit ihm zu handeln: Bitte, nicht zu schwer, dunkler und zumutender Gott! Die Umkehr, das Umdenken und Umschalten, ist halt so schwer; Umkehr ist der mühseligste Gottesdienst in unserem Leben. Und das Glauben, dass unser volles, überzeugtes, verlässliches Ja zu dir das Richtige ist, das muss immer wieder gewagt werden.

Nachdenklich muss es uns machen, wenn Leichte Mädchen und Sünder eher ins Himmelreich kommen, als Schriftkenner und Theologen, die möglicherweise gewohnt und allzuschnell ihr Ja sagen zu Gott. Während die anderen, die Bedürftigen, die Schwachen, die Hungernden, ehrlich bitten: Ja, Herr, hilf uns! Wie sehr leben wir doch von deinem Ja!

27. SONNTAG IM JAHRESKREIS
EINE TRAURIGMACHENDE GESCHICHTE (Mt 21,33-46)

■ Am liebsten würde ich gar nicht davon predigen, von dieser traurigen Geschichte. Aber weil sie wahr ist, darf ich sie nicht verschweigen. Es ist die Geschichte des auserwählten Volkes Israel. „Mein Freund hatte einen Weinberg", verkündet Jesaja (5,1ff), der Prophet. Der Freund, offensichtlich Gott selber, tat alles nur Erdenkliche für den Traubengarten. Er bepflanzt ihn mit der edelsten Rebsorte, er umzäunt ihn mit einer schützenden Hecke und befestigt ihn mit einem Turm, er hegt und pflegt ihn durch seine Knechte. Mit Recht erwartet er im Herbst seinen Anteil von der Lese. Aber nicht nur, dass er Säuerlinge anstelle von Süßlingen bekommt (Jes 5,4). Es geschieht Schlimmeres. Gottes Weinberg, – übertragen heißt das: Israel – verweigert Gottes Recht und ist schlecht, lebt nicht Gottes Gerechtigkeit und ist rechtlos. Und nicht genug: Im Weinberg Gottes wird hinausgeprügelt, wird gesteinigt, wird gemordet, als die anmahnenden Gerechten und Propheten Gottes Erwartungen einfordern. Ein Volk, das enttäuscht! Das selbst Gott erschüttert, von dem gesagt wird, er sei nachsichtig und barmherzig. Denn das ist doch schlimm, wenn Menschen verweigern, was ihnen zum Leben werden möchte und wenn sie vernichten, was ihnen weiterhelfen könnte. Und dies, weil Menschen sich anmaßen, aus der überkommenen Pacht ihren festen Besitz zu machen. Weil sie selbst verfügen, selbst bestimmen, selbst an sich reißen, was allein Gott gehört.

■ Die Geschichte geht weiter. So schnell lässt sich Gott nicht abbringen. Er gibt nicht auf mit den Menschen. Er gibt uns nicht auf. Deshalb sendet er zu uns seinen eigenen Sohn, den Erben des Weinberges. Aber weit gefehlt. Die Abgründigkeit des Menschen kann größer sein als Gott uns je zutraut. „Auf, wir wollen ihn töten, damit wir seinen Besitz erben!" (Mt 21,38) Sie werfen Jesus aus dem Weinberg hinaus und bringen ihn um. Darin liegt doch eine Tragik sondergleichen. Gott kommt in Jesus, zu retten, aber die Menschen richten ihn hin. Gott zeigt, wie gut er ist, aber die Menschen zahlen es ihm heim mit ihrem Hass. Gott erzeigt sich, wie er heilt und aufrichtet, wie er vergibt und jeden annimmt, aber die Menschen treiben ihn von sich, hinaus vor die Stadt und hauen seine Liebe ins Kreuz. Die Menschen machen sich übermächtig, bemächtigen sich Gott, tun so und spielen sich auf, Gott zu sein: „Er ist schuldig und muss sterben!" (Mt 26,66)

■ Die Geschichte wird zu unserer eigenen Glaubensgeschichte. Das erschreckt uns; darf es!
Denn wie oft schon haben auch wir Gott den Ernteertrag unseres Lebens verweigert: Mit sauren Trauben, nicht mit süßen; mit immer noch zu wenig Frucht der Beständigkeit und Treue, des Rechtseins und der Barmherzigkeit, des Friedens und der Menschlichkeit! Und auch diese Anfrage sei gestattet: Wie weit sind wir Kirche/Gemeinde, die von Jesu Wort, nicht von Menschensatzungen bestimmt ist; die nicht über Gott verfügt, sondern die sich hörend und gehorchend unter Gottes Weisung stellt? – eben nicht als Besitzer, sondern als Pächter, nicht als Eigentümer, sondern als verantwortliche Verwalter.

■ Und noch eines kann uns diese Geschichte, dieses Gerichtsgleichnis Jesu von den bösen Winzern sagen: Unsere Seele ist wie ein Weinberg unter den Augen Gottes. Am Anfang unseres Lebens ist sie rein und schön, uns Menschen anvertraut. Wie gut und wichtig wäre es da, wenn Eltern und Erziehende sich nicht als aneignende Eigentümer verhalten würden, immer nur warnend und wehrend, zurückschneidend und ausreißend, als ob sie alles besser wüssten! Dann könnte sich das anfangende Menschenkind entwickeln und reifen, nicht zwangsverwaltet, sondern als kostbares Lehen – zur Freiheit, Fruchtbarkeit und Vollendung. Und was für das Kind gilt, das hat Geltung und Gültigkeit in allen Bereichen des menschlichen Lebens. Nicht so eingemeinden und habgierig in Besitz nehmen dürfen wir, nicht in Ehe und Familie, nicht in Gemeinde und Gemeinschaft! Vielmehr sollten wir Gott lassen und zugestehen, was ihm gehört. Dann erst kann sich Gottes Werk vollenden und seiner Erwartung entsprechen.

28. SONNTAG IM JAHRESKREIS
ALLES IST BEREIT: KOMM ZUR HOCHZEIT! (Mt 22,1-10)

■ Die Geschichte fängt froh und verheißungsvoll an. Feier wird angekündigt, zu einer Hochzeit wird eingeladen. Das ist doch immer etwas Besonderes und für den Gebetenen etwas Ehrendes. Also, Terminer her und das Datum eingetragen! Aber denkste! Die Einladung wird ausgeschlagen mit fadenscheinigen Entschuldigungen: Großeinkäufe müssen gemacht werden, die eigene Hochzeit ist bevorstehend. Als die Hochzeitslader noch einmal kommen, werden sie schikaniert und massakriert. Das kann sich der erzürnte Königs- und Hochzeits-Vater nicht gefallen lassen. Für diese Missachtung und Beleidigung bekommen die Missetäter einen Denkzettel; selbst verschuldet. Die Mörder werden getötet, ihre Stadt wird abgefackelt. Sie haben sich um vieles, um Entscheidendes selbst gebracht: Am Hochzeitstisch im Königssaal teilzuhaben. Schrecklich, wie die Geschichte endet!

■ Der göttliche Ausgang der Jesus-Geschichte. Der König, offensichtlich Gott selber, hat die Hochzeit seines Sohnes ausgerichtet, alles ist bereitet. Und Gott nimmt nichts zurück, was er zugedacht hat. Nichts von der Freude, das er seinen Menschen gönnt, nichts vom Fest, das er seinen Söhnen und Töchtern zugesteht, nichts von der Glückseligkeit, die er seinen Kindern versprochen hat. Wenn die Erstgeladenen seines Volkes Israel nicht wollen, dann holt von den Straßen, von den Zäunen, von der Peripherie die anderen: Die Hungrigen nach Brot, die Sehnsuchtskranken nach Heil, die Bettler und die Bedürftigen nach Angenommen-Werden und nach Rettung! – Leider trübt das Ganze noch ein Vorfall: Da ist einer, der kein hochzeitliches Gewand anhat. Er wird vom Fest ausgeschlossen und hinausgeworfen dorthin, wo die Finsternis ist. Das gibt zu denken. Warum kann man dem nicht schnell ein anderes, ein gemäßes Gewand besorgen und ihm überziehen? Manche Theologen fragen deshalb weiter: Kann denn Jesus ein solches Gleichnis überhaupt erzählt haben, so krass, so hart? Oder hat dies etwa die junge Kirche mit den Worten Jesu so ausgelegt in der Auseinandersetzung mit dem Judentum und unter dem Eindruck vom Untergang Jerusalems im Jahre 70? Wollte der Evangelist damit sagen: Das Schicksal hat die Juden tragisch eingeholt: „Warum, Israel, hast du es nicht erkannt, was dir zum Frieden dient" (nach Lk 19,42). Das Ersterbe wird auf den zweiten Sohn übergehen.

■ Gott will gewiss die Teilnahme und Teilhabe am ewigen Hochzeitsfest für jeden Menschen. Aber er zwingt niemanden, wenn der nicht will. Zwar wird Gott ihn immer wieder einladen, um ihn werben, doch zu kommen. Solches Anerbieten ist Gottes Art, ist Gottes Geduld, ist Gottes Liebe; Jesus bezeugt dies in seiner Verkündigung. Niemals aber wird Gott einen Menschen zwingen, weil er die Freiheit seiner Entscheidung respektiert – gerade, wenn es um die Tischgemeinschaft und engste Lebensgemeinschaft mit ihm geht.

Diese Gottes-Weise und -Weisung gilt bis heute. Wir können, ja wir müssen – unter einem heiligen Auftrag stehend – einladen, ständig, dringlich, glaubwürdig: Kommt doch! Hört das Wort Gottes und nehmt es an! Esst das Brot Christi und lebt davon! Nehmt teil an unserer Gemeinde, seid selber Gemeinde und tragt sie mit! Was jedoch, wenn die Gleichgültigen, die Missachtenden, die Oberflächlichen, die Abständigen, die Uns-

Entfremdeten nicht wollen, nicht mehr wollen, noch nicht wollen – durch dunkle eigene Erfahrungen oder in der Enttäuschung mit uns? Wir sind traurig wegen der leer-gewordenen Kirchen. Wir leiden unter der lauten und stillen Auswanderung aus unseren Gemeinden . Wir sollen für unsere Brüder und Schwestern, die sie nach wie vor sind, fürbitten und sie bei Gott hinterlegen, hoffend, dass Gott niemanden verloren gehen lässt. Wir dürfen daran festhalten, dass Gott selbst aus Steinen noch Kinder Abrahams erwecken kann (Mt 3,9). Angewiesen sind wir ja alle, dass Jesus uns das hochzeitliche Gewand der Berufung und Begnadung schenkt, jetzt und an unserem Ende. Warum dann nicht auch jenen anderen, für die er sich ebenso hingegeben hat, weil er alle retten will! Er kennt ja unser aller Sehnsucht nach Hochzeit, Fest und Heil! Herr, erbarme dich doch unser!

29. SONNTAG IM JAHRESKREIS
GOTT WARTET AUF MEINE STEUERERKLÄRUNG
(Mt 22,15-21)

■ Wenn es gegen Jesus geht, finden sich Koalitionen zusammen, die sonst wenig Gemeinsames haben, die Sadduzäer (Pragmatiker), die Pharisäer (Orthodoxe), die Zeloten (Nationale). Sie wollen Jesus „fangen" / ihm eine „Falle stellen" und das mit einer politisch-brisanten Frage. „Was meinst du: Darf man dem Kaiser Steuern bezahlen?" Dabei geht's denen gar nicht so sehr um die gesetzliche Abgabepflicht. Sie wollen Jesus reinlegen. Denn sagt er „Ja", dann ist er ein Freund der verhassten römischen Besatzer; sagt er „Nein", dann gehört er zu den politischen Unruhestiftern – beidesmal wäre er also erledigt. – Jesus schaut die gewünschte Münze an, einen Silber-Denar (im heutigen Wert von etwa 80 Cent). „Wessen Bild und Aufschrift seht ihr? Sie sagen: ‚Des Kaisers!'" Jesus hat die durchtriebenen Heuchler längst durchschaut. Seine Antwort: „So gebt dem Kaiser, was dem Kaiser gehört, und Gott, was Gott gehört!" – Modern übertragen, könnten wir sagen: Jesus gibt damit Maßstäbe für das Verhältnis von Gott und Welt und auch für das Spannungsfeld Staat und Kirche, zu jeder Zeit.

■ Der Christ lebt, wie alle anderen Menschen, in der Welt. Er ist kein Träumer und weiß dies. In der Welt hat er seinen Teil-Ort (die eigentliche Heimat ist im Himmel), seine Aufgabe, seine Bewährung. Eingebunden in das Netz eines Volkes darf er dessen Kultur und Zivilisation, dessen Gesundheitsvorsorge und Lebensversorgung, dessen Sicherheit und Rechtssprechung in Anspruch nehmen. In einem geordneten Staatswesen ist das selbstverständlich, besonders in unseren Breitengraden heute. Solidargemeinschaft nennen wir dies; wir könnten auch sagen: Einer für alle, alle für einen, besonders wenn der in Not gerät! Es wäre jedoch Unrecht, vom Staat nur Leistung fordern zu wollen. Jeder hat deshalb außer den staatsbürgerlichen Rechten (das Wählen gehört dazu) auch seine staats-bürgerlichen Pflichten. Ich muss dem „Kaiser erstatten", was ihm zukommt und was er braucht zu einer intakten Regierung seines Volkes. Das war damals in Israel so (mit seiner Kopfsteuer und mit seiner Tempelsteuer), das gilt auch heute so (mit der kaum mehr übersichtlichen Steuerpraxis). Ohne Steuereinnahmen kommt kein großes Land aus. Wären alle Bürger nur Steuertrickser oder Steuerflüchtige, wäre der Staatsbankrott vorprogram-miert. Deshalb Paulus an die Gemeinde zu Rom – erstaunt uns das nicht?: Zahlt eure Steuern, denn die Obrigkeit stammt von Gott und handelt im Auftrag Gottes! (nach Röm 13,6)

Aber, dass wir uns recht verstehen: Es darf für einen bewussten Bürger nicht bei der Geldabgabe allein bleiben. Zu unseren Rechten und Pflichten gehört es auch, dass wir dem „Kaiser" verwehren, was ihm nicht gehört, über was er niemals verfügen kann (etwa in der Bioethik). In einer Kurzsentenz gesagt: Unser berechtigtes Steuergeld dem Staat, unser Leben, aller Leben allein Gott!

■ Damit sind wir bei der eindeutigen Aussage Jesu: „Gebt Gott, was Gott gehört/zusteht!" Erspüren wir noch, was dies bedeutet? Wir sind geheißen, Gott als oberste und absolute Instanz anzuerkennen – ohne mit ihm klein-krämerisch zu handeln. Das erste Gebot wurde uns aufs Herz gebunden: Gott Gott sein zu lassen! Immer und in allem hat er den höchsten Stellenwert. Nichts können wir ihm vorziehen wollen; stets hat er Vorrang! Diese Einsicht und Anerkenntnis wird dann unser eigenes Leben weisen und bestimmen und sich durch jede persönliche Situation und Entscheidung wie ein golde-ner Faden hindurchziehen: „Allein Gott in der Höh sei Ehr!" – Beherzt dürfen wir auch Jesus fragen/anfragen, welche Schritte wir in der täglichen Nachfolge mit ihm gehen sollen, um Gottes-Weisung zu entsprechen. Diese steht sicher unter dem Gebot der Liebe für die uns begegnenden Menschen, für die Gott will, dass sie zum Heil und zum Frieden finden. Und nochmals eine Kurzsentenz: Der „Kaiser" will meinen „Denar", Gott will mich selbst. Eigentlich wartet er schon lange auf diese meine „Steuererklärung".

30. SONNTAG IM JAHRESKREIS
WER DEN MENSCHEN LIEBT, DER LIEBT GOTT
(Mt 22,34-40)

■ Ein Gesetzeslehrer fragt, ein junger Mensch fragt. Der eine stellt Jesus auf die Probe, der andere will sich bestätigen lassen. Sag, welches Gebot ist das wichtigste? Und Jesus fragt ebenso. Und jetzt kommt's. Die vielen jüdischen Gesetze, die 613 Gebote und Verbote werden auf den Punkt gebracht: Israel höre, du sollst Gott lieben, deinen Nächsten und dich selbst! (Dt 6,5 / Num 19,18) Knapper und eindeutiger geht's nicht. Die Liebe ist der Inbegriff der göttlichen Liebe. Gott selbst ist die Liebe, sein ganzes Sein, sein ganzes Wesen, sein ganzes Wirken ist Liebe. Wir Menschen sind nur deshalb zur Liebe fähig, weil Gott uns zuerst geliebt hat und immerfort liebt (1 Joh 4,19). So, als ob wir Gottes innerste Gene, sein Erbgut in uns tragen. Diese Liebe vermag viel, sie vermag alles. Sie geht auf den anderen zu, sie begegnet, sie berührt, sie umarmt, sie nimmt an, sie steht bei, sie hilft und heilt. Niemanden schließt sie aus (Beispiel: die Dalits, die Klassenlosen und Ärmsten in Indien), für jeden, besonders für den in Not, ist sie da. Wer solche Liebe schenkt, der erfüllt das ganze Gebot, der schenkt dem Nächsten Gott selbst, der alle Liebe ist.

■ Jesus ist die menschgewordene Liebe Gottes (Joh 13,15), sichtbar, begreifbar, erlebbar. Wie er, liebt sonst niemand auf der Welt. Er berührt die Unberührbaren, die Sünder und die Abgeschriebenen. Er hebt vom Boden auf, wer darniederliegt. Er schenkt seine Zärtlichkeit und Güte. Wer aber berührt wird, der verändert sich; wer aufgehoben ist, der kann wieder seinen Weg gehen; wer umarmt und geküsst wird, der weiß um seinen Wert und seine Würde, er wird zu einem neuen Menschen! – Der Jesusjünger hat keine andere Aufgabe als diese: Zu lieben, wie Jesus liebt – im Abbild, im Nachvollzug, im schwachen Widerschein. Mehr vermögen wir nicht. Aber das sollen wir geben, was an Gutem und an Heilendem uns zuvor gegeben worden ist. Und die Liebe ist konkret.

■ Die Liebe hat Augen. Sie übersieht nicht das Kleine, das Arme, das Leidende. Sie sieht aufmerksam das Du eines jeden Mitmenschen. Sie sieht und nimmt wahr – sein Antlitz, seine Gestalt, sein Aussehen. Sie bemerkt seine Unruhe oder seine Zufriedenheit, seine Unsicherheit oder sein In-sich-Ruhen, sein Frohsein oder seine Kümmernis. Sie bleibt nicht an der Oberfläche hängen. Sie sieht mehr und tiefer. Und sie sieht so, dass der andere sich wohlfühlen kann unter ihrem Blick. Wer gut und lauter angesehen wird, der gewinnt an Ansehen.

Die Liebe hat Ohren. Genau hört sie auf das, was gesagt wird, aber auch auf das, was ungesagt bleibt. Welche Worte und welcher Ton herüberkommt. Sie hört auch das, was dazwischen ausgesprochen wird, scheinbar so nebenbei, und ist doch ein Hauptsatz. Liebe kann lange und geduldig zuhören; denn oft braucht's lange, bis sich ein Mensch eröffnen und zusprechen kann – zu seiner Befreiung. – Ohren der Liebe vermögen selbst noch im Stimmengewirr Gottes Stimme zu vernehmen – durch Begegnungen und in Ereignissen.

Die Liebe hat Hände. Sie sind ein wunderbares menschliches Organ. Zum Werken und Arbeiten, zum Begrüßen und Umarmen, zum Teilen und Verschenken. Hände können auch führen und halten, ohne dass sie zur Fessel werden. Und wenn sie geben, dann tun sie es ohne Berechnung. Offene, freigebige Hände werden zum Sakrament Gottes, zum Heilszeichen seines Segens. In ihnen wohnt inne die Kraft und die Güte zum Trösten und Gutsein und Segnen.

Die Liebe hat Füße. Immer sind sie unterwegs, den Kranken und Einsamen, den Freund und den Fremden, den nach uns Rufenden und den schon Stummgewordenen zu suchen und aufzusuchen. Die Liebe geht weite und auch mühsame Wege, kein Schritt ist ihr zu viel. Sie geht so lange, bis sie finden darf, und sie wird finden.

Die Liebe hat einen Mund. Mit dem wird sie dem anderen sagen: Gut, dass es dich gibt. Ich bin dir gut und habe Freude an dir! Sie kann zusprechen und ermutigen. Nichts wird von einem liebenden Mund ausgehen, was den andern verletzen und zerstören würde. Ein solcher Mund spricht stets das heilende Wort zu. Und er kann auch schweigen, um das Anvertraute zu bewahren. Der Mund der Liebe wird Gott bezeugen – in der Tiefe und in der Höhe, in der Klage und im Dank des menschlichen Lebens. Das Gültige und Bleibende wird sein, wenn dieser Mund den Nächsten in die Sorge und in den Schutz Gottes hineinbetet.

Endlich: Die Liebe hat ein Herz. Als Wohnstatt von Gottes Geist kann sie mitempfinden und mitleiden. Sie vermag mitzutrauen und sich mitzufreuen. Die Liebe ist eine unausschöpfbare Quelle, durch die die Wasser Gottes hindurchfließen – zum andern hin. Sie ist blutvoll und warm, eben lebendig und warmherzig. Die Liebe liebt, stets. Sie bleibt, was immer sein wird. Und sie vergibt, weil dies der Liebe Gottes am meisten entspricht. Immer meint sie das Du, den bedürftigen Menschen, die seufzende Kreatur Gottes.

Das Wundersame und das Erstaunliche jedoch ist: Gott nimmt diese unsere Liebe zum Mitmenschen an, so als ob wir sie ihm selbst geschenkt und getan: „… das habt ihr mir getan" (Mt 25,40). Gott bringt unsere armselige, aber vielleicht doch lauter gegebene Liebe wirklich zur beglückenden und verheißungsvollen Vollendung!

31. SONNTAG IM JAHRESKREIS
JESU KONTRASTPROGRAMM (Mt 23,1-12)

■ Jesus hat mit den Pharisäern und Schriftgelehrten offensichtlich keine sonderlich guten Erfahrungen gemacht. Sie machten ihm das Leben schwer. Sie stellten ihm, wo immer es ging, in kniffligen Disputen Fallen, um ihn zu Fall zu bringen. Und Jesus stellte sich ihnen, ehrlich und klug. Seine Attacken, Jesus kaum zuzutrauen, waren scharf: Heuchler, nannte er sie, und blinde Führer des Volkes, übertünchte Gräber und Schlangenbrut. Das erregte deren Zorn, der bis zur Todfeindschaft eskalierte und schließlich Jesus auf den Kreuzhügel brachte.

Nun wäre es sicher nicht gerecht, jeden Pharisäer und Schriftgelehrten über einen Leisten zu ziehen. „Typisch Pharisäer", sagen wir etwas unbedacht und denken: Jeder von ihnen ist ein überheblicher Moralist und ein heuchlerischer Frömmler! Aber es gab auch die andern, die von tiefer Gottesfurcht erfüllt waren, die unter der Gleichgültigkeit ihrer Mitmenschen gelitten haben, die alles dransetzten, das Volk wieder in die Gottesbindung und Gottesverehrung zurückzuführen.

■ Die Pharisäer: eine Religions-Partei, schon im 2. Jahrhundert vor Christus entstanden. Sie bezeichneten sich selbst als die „Abgetrennten". Sie wollten mit den religiös Lauen und Abtrünnigen nichts zu tun haben. Als Eiferer für Gottes Sache stellten sie ihr eigenes Leben ganz unter die Thora, unters Gesetz und die unzähligen Gesetzesauslegungen. Durch das Einhalten von Reinheitsvorschriften, durch strenge Fastenpraxis und durch ihren frommen Rigorismus meinten sie, das Kommen des Messias geradezu herbeizwingen zu können und damit die römische Fremdherrschaft im Land zu besiegen und zu beseitigen, um den reinen Gottesstaat aufzurichten. Ihr großes Missverständnis war, dass sie meinten, es genüge, das Gebot und mosaische Gesetz in Buchstabentreue zu erfüllen. Immer mehr bürdeten sie diese „Last/dieses Joch" auch den Menschen auf – bis zur Unerträglichkeit und Unerfüllbarkeit. Die Verfechter Gottes wurden damit zu Lehrern von menschlich Unmöglichem. Unter jeder Rechtskrämerei und unter jedem Rigorismus nämlich gehen die Menschen, auch wenn sie noch so guten Willens wären, kaputt!

Die Schriftgelehrten waren ausgebildete, zum Teil hochgebildete, vom Volk akzeptierte Gesetzeskundige, Theologen, mehr noch Rechtsgelehrte. Ihr Stand erforschte in eigenen Schulen die Mosaischen Gebote, übersetzte diese und legte sie aus. Für sie waren die Gesetze Regeln und Ordnungen für das religiöse und private Leben des Juden, zum Teil bis in Kleinigkeiten hinein, peinlich genau einzuhalten. Damit aber nahmen sie den Menschen Gottes Freiraum, den er mit den zehn Geboten uns doch in Verantwortung belassen hat. Die Schriftgelehrten „lösten und banden" (als Zeichen trugen sie den „Schlüssel"), wussten sich selbstbewusst als Kenner des göttlichen

Willens und überwachten Frömmigkeit und Moral der Menschen. Leider war ihre Lehre oft genug nicht deckungsgleich mit ihrem persönlichen Leben. Anderen haben sie die Last des Gesetzes und der Gesetzlichkeiten aufgebürdet, sie selbst aber haben keinen Finger gerührt, diese mitzutragen. Deshalb hat sich Jesus mit ihnen angelegt und sich von ihnen distanziert – um der Menschen und der Menschlichkeit willen.

Pharisäer und Schriftgelehrte haben festgehalten am unnachsichtigen, strengen Gesetz. Und haben sich Jesu Botschaft, dem neuen Gebot der Liebe Gottes, nicht geöffnet.

■ Dagegen steht Jesu Kontrastprogramm, das für jeden Jesus-Jünger gilt:

1) Strebt nach ehrlicher Geschwisterlichkeit! Lasst euch nicht Lehrer, Herren, Vater nennen. Ohne jeden Standesdünkel und ohne jede Überheblichkeit gehört ihr zusammen. Gleich-Berufene seid ihr miteinander, Brüder und Schwestern füreinander da. Darin sollt ihr anders sein als Pharisäer und Schriftgelehrte.

2) Nehmt nicht im Eigendünkel den Stuhl des Mose ein, maßt euch nicht an, einen Zaun ums Gesetz anzulegen, der die Menschen einengt und verängstigt oder gar als Gesetzestüftler über Gott zu verfügen. Darin sollt ihr anders sein als Pharisäer und Schriftgelehrte.

3) Seid auch nicht eitel und ehrenkäsig. Rangelt euch weder um erste Plätze, noch um unnötige Titel. Das, was ihr seid, seid ihr doch aus Gottes Gnade und Begnadung, nicht auf Grund eurer Werkgerechtigkeit oder Eigenverdienstlichkeit. Darin sollt ihr anders sein als Pharisäer und Schriftgelehrte

4) Dient Gott in den Menschen, auch und besonders wenn ihr ein Amt in der Kirche habt. Entlastet Menschen, helft ihnen, Mensch zu werden und Mensch zu sein. Nehmt ihnen das Joch des Gesetzlichen ab und befreit sie im meinem Namen zur Freiheit der Kinder Gottes. Bleibt in diesen niederen Möglichkeiten. Eure Erhöhung wird einmal am Kreuz geschehen, ganz in der Nähe dessen, der Diener aller Diener geworden. Darin sollt ihr anders sein als Pharisäer und Schriftgelehrte.

5) In allem anerkennt Gott als euren Vater; lasst Gott Gott sein. Das soll sich besonders zeigen, wie ihr zu ihm betet, wie ihr ihn lobpreist und ihm dankt in euren Gottesdiensten, wie ihr vor ihm lebt. Jede Form von veräußerlichter und formeller Religion, die Gott aus dem Blick verliert,

hat mit der Religion, die ich, Jesus, meine, nichts zu tun. Seid, werdet Anbeter Gottes im Geist und in der Wahrheit! Darin sollt ihr anders sein als Pharisäer und Schriftgelehrte.

32. SONNTAG IM JAHRESKREIS
WER ZU SPÄT KOMMT ... (Mt 25,1-13)

■ Die Geschichte hätte anders ausgehen können – ohne Frustration. Wochenlang vorher schon laufen die Vorbereitungen. An alles wird gedacht. Die Einladungen sind ausgesprochen. Das Mahl mit ausgesuchten Köstlichkeiten und besten Getränken ist bestimmt. Auch ärmlichere Familien lassen sich das nicht nehmen. Die Brautjungfern, meist gleichaltrige Freundinnen der Braut, werden gebeten, mitdabei zu sein. Der Bräutigam wünscht sich die Hohe Zeit der Vermählung herbei. Die Braut sehnt sich nach dem Tag ihrer großen Liebe. Und dann dieses!

Die zehn Mädchen ziehen dem Bräutigam fröhlich und erwartungsvoll entgegen, um ihn ins Hochzeitshaus abzuholen. Der junge Mann aber bleibt länger aus; vielleicht geht's immer noch um den Brautpreis. Unterdessen werden die Hochzeitsbegleiterinnen müde und schläfrig. Bis um die Stunde der Mitternacht jemand ruft: Der Bräutigam kommt, auf, ihm entgegen! (Mt 25,6). Die Hochzeitslichter, gespeist vom mitgebrachten Duftöl, flackern auf in den Händen der klugen Mädchen. Und für die Bereiten beginnt das große Fest. Die fünf törichten, gedankenlosen Mädchen jedoch, die sich schnell noch beim Händler Öl für ihre erloschenen Lampen besorgen wollten, stehen bittend und enttäuscht vor dem verschlossenen Hochzeitssaal. Sie sind draußen vor der Tür. Sie müssen die harte Abweisung hören: Ich kenne euch nicht! (Mt 25,12) Tragisch! Wer zu spät kommt, bringt sich ums Leben!

■ Dieses endzeitliche Gleichnis, uns von Jesus erzählt, ist ernst zu nehmen. Es ist eine Mahnrede, die für jede Zeit und für alle Menschen gilt. Ihre Botschaft heißt:

Der Herr kommt – als Bräutigam, als Liebhaber der Menschen. Er will seine Braut, die Gemeinschaft der Suchenden und Sich-Sehnenden, seine Gemeinde heimführen zur Hochzeit, zur endgültigen Gemeinschaft mit ihm. Immer kommt er im unerwarteten Augenblick, im Leben eines jeden, im Leben der ganzen Menschheit. Um Mitternacht, wenn der alte Tag zu Ende geht und der neue Tag, Gottes Ewigkeit, anbricht, wird es soweit sein. Aber keiner weiß den Tag noch die Stunde (Mt 25,13). Dann wird alles darauf ankommen, Jesu Klopfen zu vernehmen und sein Kommen wachend zu erwarten. Ihn mit brennenden Lampen zu empfangen, um ihn dankbar und lobpreisend in den ewigen Hochzeitssaal zu geleiten. Es geht mit ihm auf das Schönste in unserem Leben zu: Auf die Hochzeit mit dem Lamm (Offb 19,7).

■ Seit zweitausend Jahren steht nun dieses Ereignis an und steht es aus. Der Herr lässt auf sich warten, sodass wir das Warten auf ihn fast verloren haben. Der Glaube, auch wenn wir ihn im Wort bekennen – „Er wird kommen, zu richten die Lebenden und die Toten" – hat an Spannung und Erwartung und Auslangen gelassen. Manchmal ist der Glaube dadurch so sehr verflacht, verblasst, kraftlos, dass diese Verheißung und Zusicherung zu wenig unsere christliche Existenz bestimmt. Unser Hinwarten auf den Tag Omega, unsere erste Liebe und ungeduldige Sehnsucht sind nicht mehr offen und bereit genug auf das Unerwartete und Überraschende, auf das Faszinierende des Herren-Advents. „Komm, Herr Jesus, und komme bald!" (nach Offb 22,20 / Didache), haben die ersten Christen noch gebetet und erbittet; aber das ist schon lange her.

Dennoch: Diese christliche Perspektive auf Zukunft hin darf nicht aufgegeben werden. Auf was denn sonst soll's zugehen, wenn nicht auf dieses wunderbare Ziel, auf diese herrliche und beglückende Erfüllung in unserem Leben! Wir dürfen die Stunde Christi weder bezweifeln noch übergehen, weder verdrängen noch verschlafen. Wir sind geheißen, wachsam und gespannt auf diese Stunde zuzuleben und sie wachend und bereitet zu erwarten. Es ist die Stunde, die über unsern Tod und die über unser Leben entscheidet, ob wir das Licht in uns haben, das brennende Licht unserer Taufbegnadung und das leuchtende Licht unserer gelebten Liebe.

DAS LEBEN WAGEN (Mt 25,14-15.19-21)

■ Das doppelsinnige Gleichnis Jesu eröffnet bedenkenswerte Perspektiven. Es will anstoßen, eine neue Sicht unseres Lebens zu gewinnen, indem wir das Leben wagen.

Die erwähnten Talente sind unterschiedlich verteilt unter uns Menschen, je nach Fähigkeiten, nach der Gunst unseres Erbes und des Erworbenen. So wird dem ersten Knecht/Sklaven ein Riesen-Vermögen anvertraut (ein Talent als damaliges jüdisches Zahlungsmittel entspricht fast einer Million Euro). Genug wird auch dem zweiten und dritten Knecht zur Verwaltung übergeben. Alle sollen sie während der Abwesenheit ihres Herrn aus dem Geld was machen – ohne krummen Touren; von Wucherei und Spitzbüberei ist nicht die Rede – durch Tüchtigkeit und Unternehmensgeschick, durch ehrliche Anlagen und überlegte Investitionen. Und sogleich gehen der erste und zweite Angestellte talentiert und wagend daran, mit dem Übergebenen zu arbeiten. Der dritte Knecht jedoch geht auf „Nummer sicher"; er vergräbt den Schatz. Nichts dazugewinnen und nichts davon verlieren, das ist seine Lebenseinstellung. Schließlich kennt er seinen strengen und gerechten Herrn, der auf Heller und Cent die Talente zurückfordern wird.

■ Von Talenten sprechen wir ebenso im übertragenen Sinn. Talente sind Gaben und Begabungen in uns. Hieronymus, der Kirchenvater, deutet die fünf Talente in der Erzählung Jesu als die fünf Sinne des Menschen. Die zwei Talente seien Verstehen und Wirken, und das eine Talent schließlich sei die menschliche Vernunft. Nur wer mit allen Sinnen lebt, lebe als ganzer Mensch, lebe richtig. Wer aber mit dem Verstand allein zu leben versucht, der gehe am vollen Leben vorbei. Und schmalbrüstig-eng verhalte sich der, der sein Leben ausschließlich nur als „vernünftiger" Mensch lebt.

■ Jeder Mensch nun hat Talente mitbekommen. Keiner hat keine, und keiner hat alle. Keiner kann alles, und keiner kann nichts. Der so mit Talenten Ausgestattete soll sie ergänzend zu einem Ganzen einbringen, besonders für die Gemeinschaft und Gemeinde, soll mit ihnen zu ihrem Leben und Bestehen beitragen. Paulus nennt solche Talente, solche

Charismen, solche geistgewirkten Gaben in seinem 1. Korintherbrief 12,4-11: Die Gabe der Weisheit, die zwischen dem rechten und schlechten Weg, zwischen Vergehendem und Bleibendem unterscheiden kann; die Gabe der Erkenntnis, die das Göttliche in allem Vordergründigen und Aufdrängenden erspürt; die Gabe der Glaubenskraft, die in aller Anfechtung durchhält und Zeugnis für Christus gibt; die Gabe der Krankenheilung, die dem Verwundeten und Siechen beisteht und aufhilft; die Gabe der prophetischen Rede, die Gottes Wort überzeugend zusagt; die Gabe der Unterscheidung der Geister, die Verführer abweist und die Führung Gottes annimmt; die Gabe der Zungenrede, die Gottes wunderbares Walten lobpreist und deutet. Über allem aber ist es die Gabe der Liebe zu Gott und zu den Menschen, die den Jesus-Jünger ausweist und auszeichnet (Kol 3,4).

■ Das Gleichnis von den Talenten will eine eindringliche Interpretation Jesu sein: „Wer sein Leben retten will, wird es verlieren; wer aber sein Leben um meinetwillen und um des Evangeliums willen verliert, wird es retten" (Mk 8,35). – Oft sind wir übervorsichtige Versicherungs-Menschen, die sich möglichst gegen alles abzusichern versuchen. Nur nichts wagen! Nur nicht sich selbst drein- und drangeben! Aber dadurch geschieht genau das Gegenteil, das wir nicht gewollt haben. Wir werden verlieren – als Menschen, als Partner, als Christen. Unsere Angst und Zögerlichkeit lassen das blutvolle, reichere Leben nicht aufkommen. Das vergrabene Talent wird nichts bringen. Wenn wir es nicht in eigenständiger Verantwortung riskieren, es nicht ins Geschäft des Tages einbringen und einsetzen, kann es sich nicht ausschütten, nicht in unseren Beziehungen, nicht in unserer aufgegebenen Arbeit, nicht im Dienst für die christliche Gemeinde. Wie oft sind wir auch in der Begegnung mit Gott leider mit dem dritten Knecht verwandt. Grübelnd, abwägend, zurückhaltend wollen wir zwar alles vor Gott recht machen, keine Frage. Wir wissen es ja, dass er alles, jedes Talent und jede Begabung von uns einfordern wird. Aber aus der Übersorge und Überangst, dabei keinen Fehler zu begehen, geschieht schrecklich wenig an Glaubensaufschwung und Glaubenseinsatz. Die Unterlassung des Guten ist die Sünde der skrupelhaften Frommen. Deshalb die Aufforderung des Jesus-Gleichnisses, die Mahnung von Jesu selbst: Wagt doch mehr im Vertrauen auf den, der euch den „Millionenbesitz" anvertraut hat! Wagt im

Glauben, euch selber dranzugeben, euch in der Liebe loszulassen! Denn dann erst kann Liebe fließen und zur Verehrung Gottes werden! Und glaubt auch, dass ihr dadurch nicht ärmer werdet, wenn ihr für Gott und seine Sache lebt! „Denn wer hat, dem wird gegeben, und er wird im Überfluss haben …" (Mt 25,29)

34. SONNTAG IM JAHRESKREIS – CHRISTKÖNIGSFEST
SAKRAMENT DES ELENDES GOTTES (Mt 25,31-46)

■ Was waren das doch für Vorstellungen, die ich als Bub vom Wiederkommen Jesu hatte! Mit Blitz und Donner erschien der Herr auf den Wolken des Himmels. Ein gewaltiges Beben erschütterte die Erde. Sie zerbarst im schreckenerregenden Untergang. Und dann kam Jesu Gericht über die Menschen, über mich, den armen Sünder. Bilder vom Letzten Gericht deckten mich zu. Worte aus dem „Dies illa", der Sequenz der Totenliturgie „Und ein Buch wird aufgeschlagen, darin ist treulich eingetragen jede Schuld aus Erdentagen" machten mir fürchterlich Angst. – Heute frage ich mich: Wird dies so sein? Oder sind solche eschatologischen Aussagen „nur" Bilder, die zwar andeuten und doch wieder verhüllen, die eben im menschlichen Wort und Zeichen das Mehr und das ganz Andere des „Letzten" verkünden? Die biblische Aussage bei Matthäus jedenfalls scheint mir tröstlicher zu sein: Jesus kommt als Hirte, als König, als Richter. Er kommt von dort („Von dort wird er kommen …" / Credo), er kommt vom Vater her, in der Vollmacht und im Auftrag des Vaters. Und der hat doch nicht seinen Heilswillen, hat nicht seine Rettungstat für uns zurückgenommen! Jesus ist vom Hofstaat des Himmels umgeben, von allen guten Geistern begleitet und selbst im besten Geist seiner Liebe zu uns Menschen. Er nimmt den Thron ein, den Ort seiner Erhöhung und Verherrlichung. Er ruft alle Völker und alle Menschen zusammen – in der Kraft seiner Einung. Dann beginnt das Gericht. Jesu Richten heißt urteilen, entscheiden. Ohne Zweifel, es muss vieles geteilt und entschieden werden, auch in meinem Leben, zwischen dem, was gelungen ist und dem, was der Vergebung bedarf, weil es verfehlt war. Wie der Herr richten wird, weiß keiner. Der Evangelientext sagt uns aber deutlich, worüber Jesus richten wird.

■ Jesus geht es eindeutig um unsere Lebensbilanz und um unseren Lebensertrag. Er sucht die gute Frucht an unserem Lebensbaum. Und anscheinend mag er nur die eine Qualitätssorte, die Liebe heißt, Liebe für den Mitmenschen, besonders für den, der in Not und im Elend ist. Mit dieser Schwester und mit diesem Bruder identifiziert sich Jesus. Er selber, so bezeugt er, ist der Arme, der hungert nach Liebe; der dürstet nach Zuwendung; der krank ist an Leib und Seele; der unter die Räuber gefallen ist; der ausgezogen und ausgenommen wird; der angekettet und gebunden ist; der eine Heimat sucht; der angenommen und aufgenommen werden will.

Wenn wir also mit den Armen barmherzig sind, sie in unser Herz nehmen, und das nicht nur sporadisch, sondern stetig, dann geben wir Jesus unser Herz. Wenn wir offen und gastfreundlich für sie sind, dann tun wir unsere Tür für Christus weit auf. Wenn wir Zeit und Gehör für sie haben, dann sind wir für ihn da. Wenn wir ihnen zukommen lassen, was sie brauchen, dann schenken wir uns Jesus. Wenn wir sie ermutigen mit einem guten und frohen Wort, dann helfen wir damit dem armen Christus auf. Immer wartet Jesus an der nächsten Ecke, gleich nebenan auf uns. Er ist über den Armen, den Notleidenden, den Elenden zu begegnen. Im Armen wird Christus zu unserem Bruder. „Was ihr für einen meiner geringsten Brüder und Schwestern getan habt, das habt ihr mir getan!" (Mt 25,40) Der geschlagene und belastete Mensch ist zum Sakrament des Elendes Gottes für uns geworden. Gott selbst hat diesen Weg zu uns gewählt – in Jesus.

■ Unsere Bekehrung zu unserem Nächsten ist also gefragt, jetzt, unverzüglich, vor dem „Ende". Und das nicht berechnend, nicht mitleidig und verletzend von oben herab. Wir sollen dem Armen dienend begegnen und mit ihm teilen. Auf Augenhöhe, auf Herzenshöhe! Nein, nicht um der Belohnung willen, nicht um das eigene schlechte Gewissen durch ein Almosen zu beruhigen. Die gültige Liebe will und muss einfach lieben, pur, lauter, rein. Sie will, dass wir jedem Menschen begegnen, wie es seiner Würde entspricht. Das allein ist der Königsweg der Liebe: Selbst königlich zu lieben, weil der andere ein Königskind Gottes ist.

DER UNBEGREIFLICHE GOTT, DER GOTT
IN DER TIEFE (Joh 3,16-18)

■ Gott, der „uralte Turm", um den wir kreisen (nach Rainer Maria Rilke); Gott, *die* Wirklichkeit in unserem Leben, auf die alles ankommt! Für uns oft selbstverständlich, manchmal sogar gemütlich-bürgerlich. Bis, bis wir in eine uns zusetzende Grenzsituation kommen, in Krankheit, Verlust, Not. Dann ist der Ernstfall des Glaubens da, und wir fragen: Wo ist Gott, wer ist Gott, warum lässt er das zu, warum stößt das gerade mir zu? Wenn er all-mächtig ist, wenn er so gut sein soll, warum hat er dann nicht eingegriffen, nicht verhindert, nicht mein Geschick gewendet? Warum? Und unser viel-leicht bislang naiver Glaube an den „lieben Gott", an den behaglichen, harmlosen und sanften Gott, fällt zusammen. Die einen klagen nicht nur, sie klagen Gott massiv an. Andere wenden sich trotzig ab: Hilf dir selbst, dann hilft dir Gott! Und verzweifelt reagieren wieder andere. Reinhold Schneider (von dem wir uns im Krieg so ermutigen ließen) bekennt in „Winter in Wien" (1948): „Des Vaters Antlitz hat sich ganz verdunkelt; es ist die schreckliche Maske des Zerschmeißenden, des Keltertreters; ich kann eigentlich nicht mehr Vater sagen." Oder der Rabbiner Harold Kushner in seinem 1981 erschienene Buch „Wenn guten Menschen Böses widerfährt", als sein dreijähriger Sohn hat sterben müssen: „Wenn es Gott wirklich gibt und er nur im Geringsten Gerechtigkeit übt – von Liebe und Vergebung ganz zu schweigen –, wie kann er mir das antun?"

■ Die Frage nach dem Leid, nach dem Bösen, nach dem vielen Unerlösten und Bedrückenden in uns und in unserer Welt ist eine bohrende und hört nicht auf. Warum lässt Gott die Naturkatastophen zu mit Tausenden von Toten? Warum nimmt er die Mutter von drei unmündigen Kindern weg? Warum schlägt er gute Menschen mit der Alzheimer-Krankheit? Seien wir ehrlich: Auf diese Anfragen gibt es keine Antworten, schon gar keine so leichtfertig-hingesagten. Böses, Unheil und Übel haben einen uns jetzt noch entzogenen Sinn. Wir können uns dem Verborgenen nur annähern. – Da ist unsere Welt, noch immer im Werden. Sie ist noch nicht vollendet, nicht in ihrer Entwicklung, denn ständig passiert im Kosmos Erschaffung. Deshalb ist sie auch noch nicht vollendet in ihrer Vollkommenheit. Sie liegt im Seufzen und in Geburtswehen, formuliert Paulus (Röm 8,22). Wir sind mitten drin in dieser Welt. Auf ihr ist uns kein problemloses und rätselloses Leben garantiert. Naturgewalten sind stärker als wir. Naturkatastrophen deckeln uns deutlich in unserer Arroganz: Alles sei machbar, wir hätten alles im Griff.

Die Frommen Israels gehen weiter. Sie sprechen es offen aus: Gott erzieht, züchtigt sein Volk wegen seiner Sünden. Und Gott prüft es auf seinen Glauben, siehe Hiob. Dennoch hat Jahwe das Beste, die Bekehrung, das Leben seines Volkes im Auge. Denn Sinnloses können wir Gott doch nicht zutrauen wollen, er macht keinen Fehler. Noch kann er uns in seiner Gnade vergessen haben. – Dürfen wir also trotzdem am „Trotzdem-Glauben" festhalten? An dem Glauben, dass Gott das Leben der Welt und unser eigenes Leben in seinen Händen hält? Dass er trotzdem alles, wirklich alles zur Endgültigkeit und Vollendung bringen wird? Dafür steht im Neuen Bund das Kreuz: Gott steigt in Jesus in den Dreck, kommt so weit herunter, wo wir Menschen liegen. Er hat uns nicht abgeschrieben. Wie sollte er seine eigenen Kinder im Stich lassen? Er ist und bleibt bei uns. Er nimmt die ganze Last und Schuld der Menschen auf sich und trägt sie ins Holz der Erbarmung und der Versöhnung. Seitdem ist das Leid, auch das abgrundtiefe und nicht-verstehbare, ins Leid und Leiden Christi hineingenommen: Seine Liebe erweist sich gerade im Leid – vom Tod zum Leben!

■ Unsere Gottes-Bilder, ach, die so vertrauten, müssen zerbrechen, dass wir zu einem geläuterten Glauben an Gott kommen können. Er ist ja immer mehr und anders als jede unserer Vorstellungen. Seine Gedanken sind nicht unsere Gedanken, seine Wege sind anders als unsere Wege (Jes 55,8). Deshalb: Ehrt meinen Namen (Ex 20,7), schändet ihn nicht (Hes 20,39), heiligt ihn (Mt 6,9)! Bedenken wir, Gott ist „fascinosum et tremendum", er ist der faszinierende, anziehende, wunderbare Gott in der Höhe, in seiner Liebe – *und* er ist der erschütternde, der unbegreifliche, der erschreckende Gott in der Tiefe, in seinen Zumutungen und Dunkelheiten. Wir dürfen seine Nähe tröstend und heilend verspüren, wir müssen aber auch seine Ferne wehtuend und verwundet aushalten, manchmal auch die Gottes-Leere, wo er gar nicht mehr da zu sein scheint – und das ist doch sein Name! Beides gilt; wir dürfen das eine und das andere nicht verkürzen. Unsere echte Gottesfurcht und unsere wahre Gottesliebe, sie gehören zusammen. Unsere Gnade ist es, dass der liebende Gott das letzte Wort gesprochen hat in Jesus, dem Liebenden Gottes: „Gott hat die Welt so sehr geliebt, dass er seinen einzigen Sohn hingab, damit jeder, der an ihn glaubt, nicht zugrunde geht, sondern das ewige Leben hat" (Joh 3,16). Im Letzten, im Allerletzten ist Gott die Liebe (1 Joh 4,16). Darauf, nur darauf können wir letztlich leben.

FRONLEICHNAMSFEST
„ICH BIN DAS LEBENDIGE BROT ..." (Joh 6,51-58)

■ „Der Mensch lebt nicht vom Brot allein."
Ein Wort aus der Versuchungsgeschichte Jesu. Nach 40-tägigem Fasten tritt der Versucher an Jesus heran: Dich hungert jetzt; dann mach doch aus diesen Steinen Brot (Mt 4,3)!

Wenn uns das passiert wäre, hätten wir dann nicht zugegriffen? Wir sind auf Brot verwiesen und angewiesen. Brot brauchen wir zum Leben, ohne Brot sind wir tot. Für Brot mühen wir uns ab, rackern und arbeiten wir. Im Schweiß unseres Angesichtes, in der Härte unseres Berufes, im Stress, unter Mobbing. Für unser Auskommen, Einkommen, Durchkommen tun wir viel, opfern oft die Gesundheit. Wenn es ums Brot geht, sind wir ewig Hungrige, Mangelwesen, Nimmersatte, sind wir Suchende und Süchtige und Sieche. Wir bekommen nie genug davon. Vom Konsum in die Gier, und von der Gier wieder zum Konsum, wie im Teufelskreis!

Jesus weist die Anfechtung und ihr Ansinnen zurück: „Der Mensch lebt nicht nur von Brot!" (Mt 4,4) Alles Brot dieser Erde, Reichtum, Besitz, Wohlstand, das alles reicht nicht aus, um uns Menschen satt zu machen. Wir essen und trinken und leben doch nicht! Die Maschinerie läuft, aber in welchem Leerlauf! Wir brauchen mehr als nur etwas zwischen die Zähne. Unser Inneres hungert nach anderem: Hungert nach der Wegzehr des Herzens, des Geistes, der Seele. Es hungert nach dem Brot des Friedens, nach dem Brot der Freude, nach dem Brot des Angenommenseins und des Wertseins, nach dem Brot der Liebe und des Daheimseindürfens. Wenn uns das nicht gegeben wird, dann sterben wir den „schrecklichen Tod am Brot allein", so Dorothee Sölle (+2004).

■ „Ich bin das lebendige Brot, das vom Himmel herabgekommen ist." Ein Wort aus der Brotrede Jesu. Die Leute in der Synagoge Kapharnaum verlangen nach einem Zeichen, nach Jesu Autorisierung. Manna vom Himmel, wie einst beim Wüstenzug heim ins Land der Väter, wäre ein solches Zeichen (Joh 6,51f), dem wir glauben würden. Darauf der Herr: Ich bin dieses Manna und ich bin mehr. Ihr habt das Manna gegessen als Brot in der Not, und ihr habt danach wieder Hunger bekommen. Wenn ihr aber mich esst, mich in euch aufnehmt – als Nahrung, als Kraft, als Leben, als Verheißung auf das himmlische Hochzeitsmahl, dann werdet ihr in Ewigkeit leben.

Das ist ungeheuerlich: Ich, Jesus, bin das Brot vom Himmel; ich bin das Brotgeschenk des sorgenden und liebenden Vaters für euch. Ich bin der, nach dem ihr sucht, nach dem ihr hungert, den ihr dringend braucht zum Leben und Überleben. Hineingegeben als Weizenkorn in eure Erde, in euer Dasein, gestorben und auferstanden zur österlichen Ernte, bin ich das Brot eurer Sehnsucht, die Gabe für euer Menschsein und das Unterpfand kommender Göttlichkeit. Tisch und Mahl zugleich bin ich für euch. An meinem Tisch sollen die Menschen miteinander in Beziehung kommen und den Geschmack finden an Gott. Wer dieses Brot isst, wer mich annimmt, in sich hineinnimmt, mich aufnimmt, der erlebt das Brot-Wunder: Er wird gesättigt in seinem Hunger, in seiner Sehnsucht; er wird gestärkt in seiner Schwachheit und Armut; er wird geheilt an seinen Wunden und an seiner Schuld; er wird vergöttlicht durch die tiefe Gemeinschaft mit mir, denn im Mahl geschieht Vermählung mit Gott. Was der Mensch isst, das ist er!

■ Als berufene Söhne und Töchter von Gottes Brot-Gnade sind wir gerufen, Brot, das irdische und das göttliche, das, was unser Leib nötig hat und das, was unsere Seele braucht, zu teilen, mitzuteilen, das Brot des Wortes, auszuteilen. Wir können bei Jesus nicht speisen und andere nur mit den Brosamen abspeisen, die unter unserem Tisch liegen! „Und Jesus gab die Brote den Jüngern, damit sie diese an die Leute austeilten" (Lk 9,16). Seitdem geht es darum, dass wir selbst Brot werden, Brot des Lebens, das andere essen und genießen und davon leben können! In Italien sagt man von einem solchen Brot-Geber: „Buono come il pane! Der ist gut wie Brot!" Jesus, du gutes Brot, lass auch uns ein bisschen sein wie du!

SEI GELOBT – DURCH UNSERE SCHWESTER,
DIE ERDE (Ps 148,1-13 / Mk 4,26-29)

■ Das wohl bekannteste Lied/Gebet des heiligen Franziskus ist sein Sonnengesang (GL Nr. 285). Schon schwer erkrankt und ausgezehrt vom Fasten und Bußetun fordert er alle Geschöpfe auf, den Schöpfer allen Lebens zu lobpreisen. In der sechsten Strophe singt er: „Gelobt seist du, mein Herr! Durch unsere Schwester, die Mutter Erde; sie ernährt und erhält uns, bringt vielerlei Früchte hervor und Kräuter und bunte Blumen."

■ Handvoll Erde, was ist das doch für ein Wunder! Eine kostbare Materie, voller Leben mit Mineralien und Mikroben, ein Kosmos im Kleinen. Die Idee eines genialen Künstlers, der gemacht hat, dass sich alles macht, gebildet in Abermillionen Jahren: Es werde! „Das Land lasse junges Grün wachsen, alle Arten von Pflanzen, die Samen tragen, und Bäume, die auf der Erde Früchte bringen mit ihren Samen darin. So geschah es … Und Gott sah, dass es gut war" (Gen 1,11f). Geheimnis Erde, in der und auf der Gott erahnt und erspürt werden kann, sein Atem und sein Geist, seine Weisheit und Schönheit und Allmacht – ein Abbild von der Fülle und Vollkommenheit seiner Größe und Güte! Mutter ist sie, mütterlicher Schoß, der empfängt und trägt, der gebiert und hervorbringt – immer neues Leben, so unergründlich und mannigfaltig, um uns Durstigen und Hungrigen Wasser und Wein, Früchte und Brot zu schenken. Heilende Kräuter bringt sie hervor für unser Weh und Ach, für unser Kranksein wundersame Medizin. Und wie erfreut sie uns durch ihre Blüten und Blumen, so vielfältig in ihren Formen und Farben, schöner als König Salomons Gewand, ein andauernder Widerschein des Paradieses. Die Fische im Wasser, die Vögel in den Lüften, die Tiere auf der Erde, herrlich gebildet, sie alle tragen das Monogramm Gottes, ihres unerschaffenen Erschaffers.

■ Erde, aus diesem wundervoll-geheimnisvollen Stoff, sind wir Menschen geschaffen, ist unser Leib geworden: Adam, der Mensch aus Erde und für die Erde gemacht, in ihr zu finden, sie zu bebauen und auf ihr zu werken – und Eva, die Mutter des Lebens, für alles Leben und alles Lebendige da, sorgend und liebend und beschützend, was Gott gemacht hat. – Der

Mensch, aus Erde genommen, gewiss. Und doch sind wir mehr, viel mehr: Durch Gottes Odem lebendig, mit Geist und Sprache begabt und der Liebe fähig. Einen Leib und einen Geist hast du uns gegeben ... (nach Jes 42,1-5). Gott verschmäht diesen Leib nicht, er macht ihn zum Gefäß seines Sohnes in Maria. Heruntergekommen auf diese Erde ist er in sie eingegangen. Und im Leibe befreit uns Jesus durch seine Hingabe am Kreuz, im Leibe dürfen wir aufer- stehen zu Gottes Herrlichkeit. – Deshalb sollten wir unsere „Mutter Erde", aus der wir alle kommen und in der wir alle leben, achten in Ehrfurcht und durch Verantwortung in der ihr gegebenen Ordnung. Sollten sie erhalten, die uns hält, auch für kommende Generationen und mit ihr sorgsam und sparsam umgehen. Franziskus ist oft und oft auf der Erde niedergekniet, tief verbunden mit ihr. Er ehrte sie und küsste sie dankbar, weil Jesus sie geheiligt hat durch seine wunderbare Menschwerdung.

■ Franziskus ist ein Kind der Erde, sprühend von Leben in seiner Jugend, stets das Leben bejahend in seiner irdischen Schönheit und in seinem Glück, aber auch schmerzlich empfindend und leidend unter dem Gebrochenen und Noch-Unerlösten in der Schöpfung. Er lebte von der Erde Frucht, ihm einmal karg, dann wieder reich geschenkt. Auf dem Bett der Erde, ihrem Boden, ruhte der Poverello, in ihren Nischen und Felsspalten. Die Erde trug ihn, wenn er barfüßig auf ihr unterwegs war (15 000 km sollen es sein, die Franziskus erwandert hat). Vielsagend trug er deren erdfarbene, braune Kutte. In allem Erdhaft-Irdischen sah er Gottes Wunder durchleuchten, Gott selbst sich offenbarend. Dennoch kam er nie mit ihr an ein Ende. Wohl wissend, dass er von der Welt war, aber niemals für sie bestimmt – ein Pilger zum Absoluten. Die große Erde war ihm noch zu klein. Als Kind und Berührter des Himmels suchte er seinen Ursprung, wie ein Vögelchen, das aus dem Nest gefallen, wieder dorthin zurück will. Ja, „gelobt seist du, mein Herr! Durch unsere Schwester, die Mutter Erde; sie ernährt und erhält uns, bringt vielerlei Früchte hervor und Kräuter und bunte Blumen!" Alle Kreatur lobpreise ihren Kreator!

KIRCHE – OFFENES HERZ GOTTES?

■ Unsere Kirche war in den letzten Jahren im Negativ-Gerede: Kirchenkrise, Kirchenkritik, Kirchenschelte. Manche reagierten mit Kirchendepression, mit Kirchendistanz, mit Kirchenresignation. Ist diese Anfechtung hinter uns? Ich meine, es zeigt sich eine Wende an. Der Geist Gottes wirkt, vielleicht gerade, in Untergängen und in Umbrüchen. Können wir's nicht erspüren in spirituellen und entschiedenen Aufbrüchen in den Gemeinden, in einem Zug der Jugendlichen zur Kirche und zu ihren Gemeinschaften hin, im Teilen mit den Notleidenden in aller Welt? Wir können nicht genug Visionen haben von der Kirche, die in die Zukunft hineinwächst. Visionen sind erste Blüten einer neuen Hoffnung.

■ 1. Vision
Die Kirche ist Christi Initiative, sein Werk. Von ihm geht sie aus. Zu ihm muss sie zurück; das ist die eigentliche Reform, wenn sie Christi Kirche bleiben will. – Wie ist sie geworden? Der Wanderprediger ruft Menschen heraus aus dem Bisherigen. Er geht ihnen voraus, sie ziehen ihm nach. Geben vieles auf und gewinnen viel mehr dazu. Sie erleben Jesus, hören seine befreiende Frohbotschaft, sehen, wie er auf die Menschen zugeht, sie liebt, sie berührt, sie heilt in Gottes Kraft. Friede wird und eine neue Welt. Die Menschen haben die Chance bekommen, in Jesus die Nähe Gottes und seine Menschenfreundlichkeit zu erfahren.

Es ist der Kirche aufgetragen, heute dasselbe zu tun, nichts anderes: Menschen anzusprechen, Menschen anzurühren, Menschen für den gegenwärtigen und liebenden Gott zu erschließen und zu erwecken. Die Kirche der Zukunft – und diese hat nur Zukunft – wird offen sein müssen wie das Herz Gottes. Kommt alle zu mir, ihr Menschen aus einem gelingenden Leben und ihr Menschen aus einem verkorksten Dasein, ihr Menschen, die ihr wenig die kirchliche Norm erfüllt, und ihr Menschen, die nach ihrer Ordnung zu leben versuchen. Hier, in der Gemeinde des Herrn seid ihr erwünscht und angenommen. Hier könnt ihr euch hinlegen und ausruhen (Mt 11,28), hier habt ihr eine gastfreundliche und bergende Herberge am Weg!

- **2. Vision**

Die Kirche Christi ist zum Dienen und zur Vergebung, nicht zum Herrschen und Verurteilen bestimmt. „Tut, wie ich an euch getan, nach meinem Beispiel!", sagt der am Boden Kniende bei der Fußwaschung (Joh 13,15). Tut gerade so an Schwachen, Ausgegrenzten, an den Sich-Verfehlenden und Schuldiggewordenen. Sie brauchen die Zuwendung, die Güte und Langmut Gottes am meisten. Wie viele sind leider schon an der Gesetzlichkeit und Konsequenz der Welt und der Kirche verletzt worden oder zerbrochen. Die Kirche jedoch muss von ihrem Selbstverständnis her den Menschen gut sein und ihnen aufhelfen. Immer erweist sich der Glaube in der Liebe – durch Verstehen, Nachsicht und Barmherzigkeit. Diese Einstellung und dieses Verhalten wird die Kirche der Zukunft bestimmen wollen in großer Sensibilität und Achtsamkeit. Wie wird dann diese Mehr-Wärme die Temperatur in der Kirche steigen lassen, dass sich die Menschen bei uns wieder wohlfühlen! Daraus wird dann auch Beziehung und Begegnung aufkommen, die mehr sind als nur Belehrung und Reglementierung. Und wie weit und befreiend können dann auch die Menschen unter uns durchatmen und aufatmen und das Leben Gottes in sich einatmen! „Ich bin gekommen, damit sie das Leben haben!" (Joh 10,10)

- **3. Vision**

Die Kirche Christi ist sodann der angstfreie Ort, aus dem mündige, inspirierte und kreative Menschen heranwachsen können. Solche Christen sind dringend nötig, dass wir die konkrete Welt heute mitzugestalten fähig werden. Dringend gefragt und gebraucht sind wir nämlich, dass der gefährdete Mensch verteidigt und die wahre Menschlichkeit gerettet werden. Je mystischer, je christusbezogener und dem Geheimnis Gottes nahe unsere Kirche wird, desto politischer, desto gesellschaftswirksamer wird sie sein – als Anwalt des Menschen, als sinnverweisende Begleiterin, als Mutter, die unser Bestes, unser Heil will.

Der vornehmlichste Auftrag der Kirche aber ist und wird bleiben müssen, das Testament Jesu zu bewahren und lebendig zu vollziehen: „Tut dies zu meinem Gedächtnis" (Lk 22,19), damit das Hochgebet, die große Danksagung, der Lobpreis für Gottes Wirken und Werk nie verstummt. Wir sind gerufen und berufen, über die Geheimnisse Gottes nachzusinnen und sie ehrfürchtig und berührt zu feiern. Uns ständig und stetig dem Geist

Gottes auszusetzen, der ein Geist der Kindschaft ist, in dem wir rufen dürfen: „Vater unser ..."

Kirche – so gelebt, Kirche in uns und wir selbst Kirche – wird dann die Menschen ahnen lassen das offene Herz Gottes, wird dann dem dienenden und vergebenden Christus entsprechen, wird hineinwirken in die Welt und in die Nöte der Menschen zu ihrer Erneuerung und Rettung. Kirche so – sie wird zum Hoffnungsort, in dem die Auferstehung verkündet wird.

MISSIO-SONNTAG
FRAGEN ÜBER FRAGEN (Mt 28,16-20)

■ Warum verstehen wir noch immer das Evangelium Christi als Angelegenheit zur Rettung der eigenen Seele (das ist Heilsegoismus) und nicht als revolutionäre Botschaft der Liebe Gottes, die wir Beschenkten an alle Menschen weitergeben müssen?

■ Warum ist die Mission immer noch ein Werk der christlichen Übergebühr oder immer wieder nur ein Appell an unsere Wohltätigkeit? – Warum wird sie ausschließlich von ein paar wenigen Idealisten und abenteuerlichen Freiwilligen ernstgenommen und nicht von uns allen?

■ Warum sind wir im Bewusstsein und im Gewissen so wenig eingeübt, Mission zu verstehen als ein Herzstück unserer Kirche und als eine Probe aufs Exempel, was wir glauben, was wir leben und wovon wir dauernd sprechen?

■ Warum meinen wir, wir Weiße vom alten Europa hätten allein den Exklusiv-Anspruch und das Privileg auf Jesus und seine Botschaft?

■ Warum sind wir so wenig überzeugt, dass wir das Entscheidende und Glücklichmachende, den eigentlichen Sinn dieser Welt und ihren Menschen anzubieten haben in Jesus, dem Christus, seinen Weg, seine Wahrheit, sein Leben?

■ Warum entziehen wir uns dem Missionsauftrag und -dienst? Warum sind wir selbst, jeder von uns, nicht Botschafter unseres Herrn und Heilandes – über unseren Ort und über unsere Gemeinde hinaus? Warum bringen wir, wenn wir selbst davon überzeugt sind, nicht den Menschen in ihrer Dunkelheit und in ihren Fragen das Licht, die Antwort in ihren Zweifeln und Verzweiflungen, in ihren Ängsten Tröstung und Ausweg, in ihrem Bedrohtsein den Frieden durch Christi befreiende Tat?

■ Warum beten wir nicht täglich für die Anliegen und Probleme der Mission? Warum glauben wir so wenig an die Gnade, dass, wer im Auftrag Christi steht, sich nicht zuerst auf menschliche Erfolge festgelegt hat, sondern sich einfach und gehorsam dem Wort Gottes stellt?

■ Warum wollen wir immer noch nicht begreifen, dass sich Mission und Entwicklungshilfe gegenseitig fordern und fördern und unseren persönlichen Einsatz auch durch Spenden und Beiträge notwendig machen, um den Missionsgebieten, unseren Schwestern, Entwicklungshelfern und Missionaren das Lebensnotwendige zur Verfügung zu stellen?

■ Warum nehmen wir das innere Gesetz für unsere Kirche und für unsere Gemeinden nicht ernst genug: Wer nur an sich selbst denkt, wird ärmer; wer aber versucht und wagt, sich hinzugeben für andere, der wird leben?

■ Warum betreut nicht jede Heimatgemeinde ihren Missionar, ihre Missionsschwester, ihren Entwicklungshelfer, ihren Arzt – durch Patenschaften, durch die Mitgliedschaft in der MISSIO, durch die lebendige Brücke des Kontaktes, der Information, des fürbittenden Gebetes?

■ Warum bloß sind wir Christen so schläfrig und wenig glaubwürdig in unserem Zeugnis und Bekenntnis für Jesus Christus und seine Sache (und die ist immer der unheile und erlösungsbedürftige Mensch), während „andere" ihre Überzeugung predigen und gewalttätig vereinnahmen? Warum bloß nehmen wir Jesu Wort nicht wörtlich: Geht, sagt den Menschen zu, dass Gott sie liebhat, heilt, brecht mit ihnen das Brot!

WEISSE GEWÄNDER TRAGEN SIE (Offb 7,2-4.9-14)

■ Johannes, dem Seher, wird eine Vision zuteil, eine Schau von dieser in eine andere Welt. Er darf Grenzen, die uns gesetzt sind, überschreiten. Er sieht über Heutiges hinaus und in Zukünftiges hinein, vom Irdischen ins Himmlische.

■ Das Heutige erschreckt. Offenbar ist Zornes-Engeln die Macht gegeben, Land und Meer anzurühren und sie zu schädigen. Die Geschichte dieser Zeit und Welt ist immer Gottes Gericht, das die Menschen mahnen, ergreifen, erschüttern, bekehren will: Gott will unsere Rettung! Auch noch in Krieg und Terror, die geschehen, in Naturkatastrophen und in kosmischen Erschütterungen. Immer geht es Gott darum, die Seinen in einer unmenschlichen und gottlosen Welt zu bewahren. Deshalb sollen die dunklen Engel in ihrem Tun einhalten – bis den Knechten und Mägden Gottes, den Christen in der Verfolgung und Not das Siegel der Bewahrung und Begnadung aufgedrückt ist, das Siegel des Gott-Eigentums sich auf ihrer Stirn sichtbar/erkennbar zeigt.

■ Der Visionär Johannes erfährt die Zahl der Bezeichneten, der Auserwählten, auf denen Gottes schützende Hand liegt. Zwölf mal zwölf mal tausend sind's . Wohl Gerechtgemachte und Gerettete aus den zwölf Stämmen des alten Israels und ebenso viele aus den zwölf Stämmen des neuen Jesus-Bundes. Und nicht genug. Eine große, unzählbare Schar aus allen Erdteilen und Nationen, aus allen Völkern und Stämmen kommt dazu. Gottes grenzenloser und unbegrenzter Erweckungs- und Erwählungswillen meint alle, alle Menschen, die sich von ihm rufen lassen. Weiße Gewänder tragen sie, im Blut des Lammes reingewaschen. Sie alle ließen sich von Christus anziehen, haben sich von ihm anziehen lassen, in seiner Nachfolge mit dabei zu sein. Sie sind Getaufte im Wasser seiner Gnade/Begnadung und vom Heiligen Geist durchdrungen und geheiligt. Es erweist sich, dass sie die Auseinandersetzungen und Anfechtungen dieser Zeit und Welt hinter sich haben. Sie sind Jesus treu geblieben im Leben und im Sterben. Palmzweige, Zeichen des Glaubens, der Hoffnung, der Liebe, tragen sie in Händen. Jetzt ist ihr Einzug ins himmlische Jerusalem und jetzt ist die Ewigkeit ihrer Lobpreisung, ihres Jubelrufes, ihrer Huldigung für Gott angebrochen. Mächtig ist ihr Lied zu vernehmen, ihre Präfation: Du, Gott, und immer nur Du! Denn von dir allein kommt uns Rettung zu durch den, der uns zum sterbend-siegreichen Retter geworden ist. – In dieser heiligen Liturgie sind mit dabei die Engel, die Ältesten, Väter und Propheten und Evangelisten. Sie haben sich niedergeworfen vor Gottes Thron. Ihr Gebet wird zur Doxologie: „Amen, Lob und Herrlichkeit, Weisheit und Dank, Ehre und Macht und Stärke dir, Gott, in alle Ewigkeit. Amen!"

■ Die Vision des Johannes wird von einem Ältesten hinterfragt (ist es ein Gemeindevorsteher der frühen Kirche?) und wird für ihn und für uns alle gedeutet. Wer sind diese Weißgewandeten, woher kommen sie denn? – Es sind keine Geheiligten und Heiligen, die auf hohen Säulen standen, keine, die über Seitenaltären gehangen oder aus Goldrahmen blickten, keine Hochstilisierten und Abgehobenen. Alle sind sie Menschen wie du und ich. Ihre Lebensgeschichte hat Höhen und Tiefen, hat Niederlagen und Überwindungen, hat Zeiten des Glaubens und der Anfechtung, kennt Armut und Gnade. Große und Bewundernswerte sind dabei, Franziskus und Klara, Benedikt und Vinzenz von Paul, Katharina von Siena und Teresa von Avila, Papst Johannes XXIII. und Prior Roger Schütz. Und wenn wir genau hinblicken: Da ist Petrus vom See Genesareth und Matthäus vom Zoll, Johannes, der jüngste Jünger und das bekehrte Mädchen aus Magdala. Und noch mehr können wir entdecken: Mütter in großer Zahl, die kärglich und von sich selber absparend ihre Familien durchgebracht, Männer, aus harter Arbeit kommend, Politiker, die für Wahrheit und Recht ihr Zeugnis gegeben, Kranke und Alte, die in ihrer Not ergeben und glaubend geblieben sind. Alles Menschen, unsere Mitmenschen, die aus großer Bedrängnis kommen, aus dem Tal der Tränen und der Mühsal, der Pilgerschaft. Nein, nicht aus eigener Kraft haben sie sich bis hierher, vor den Thron Gottes, gebracht. Sie haben sich in ihrer Armut dem Reichtum Gottes ausgesetzt, in ihrem Versagen der göttlichen Erbarmung, in ihrem Angeschlagensein der Heilung des Heilandes. Er, der allein und einzig Heilige, hat sie hineingenommen – und sie ließen das zu – in seine Heilung, in seine Heiligung, in sein unermessliches und gnadenvolles Heil. Sie sind die Begnadeten und

Geheiligten, die wir mit dem Seher Johannes heute – und hoffentlich oft – schauen als die Allerheiligen Gottes. Vielleicht lassen wir uns dann vom Landpfarrer aus Georges Bernanos Roman sagen: Jetzt weiß ich's, es braucht nur ein bisschen mehr an Liebe, dann könnten auch wir bei ihnen stehen, um Gott für seine Berufung und Begnadung für immer zu lobpreisen!

ALLERSEELEN
LEBEN, VOM TOD UMFANGEN (1 Thess 4,13-18)

■ Die Liebe weint und trauert. Muss uns die Kirche in ihrer Liturgie am Allerseelentag eigens daran erinnern, dass wir im „Leben vom Tod umfangen" sind? Die täglichen Nachrichten von Terror und Krieg, vom Sterbens-Elend in der Welt, von abertausenden Toten in Katastrophengebieten tun es ohnehin. Immer sind wir persönlich angerührt und betroffen vom Sterben eines nahestehenden und geliebten Menschen – wer nicht! Wenn uns das Sterben selbst angeht, dann sind wir in unserer Seele verwundet. Wir müssen durch Nacht und Leiden gehen, wir müssen verspüren und erleiden, wie wehe Abschied und Verlust tun; wir sind selbst zur Trauer geworden. Der Mensch, dem wir begegneten, mit dem wir gemeinsam ein Stück den Weg gegangen, den wir geschätzt und für den wir dasein durften, so wie er für uns, ist nicht mehr, ist nicht mehr unter uns, ist von uns weg-gegangen. Wir sind allein, das Liebste fehlt uns. Es ist kein unmittelbarer Austausch mehr möglich, kein Gespräch, keine Umarmung. Vieles, was war, ist in uns zerbrochen, ist so nicht mehr, ist so anders geworden. Nur noch in Zeichen vermögen wir unsere Zuneigung, unsere Dankbarkeit, unsere Liebe zu sagen – durch ein paar Blumen auf des Heimgegangenen Grab, durch ein brennendes Licht, durch ein suchendes, fürbittendes Gebet. Wo bist du, wo kann ich dich finden, bist du in Gottes Hand? Nein, die Liebe kann nicht vergessen. Sie leidet und sie leidet oft lange Zeit.

■ Glaube macht getrost. Manchmal hören wir, wenn ein Trauernder sagt: Ich wüsste nicht, wie ich das Hergeben-Müssen, den Verlust, die Trauer verkraften könnte, hätte ich nicht den Glauben! Den Glauben, der nicht in Glaubenssätzen besteht, den Glauben, der uns aus der Begegnung mit Jesus, dem gekreuzigten und auferstandenen Herrn, geschenkt ist. Der führt uns an seiner guten Hand, der nimmt uns in sein offenes Herz, der leidet mit uns und zeigt uns den Weg, wie es mit uns weitergehen kann: „Ich lebe, und auch ihr sollt leben!" (Joh 14,19) Allein der Auferstandene macht uns gewiss, dass nach der Dunkelheit und Trauer auch für uns die Ostersonne aufgehen wird. Dass alles nicht enden muss im Schmerz und in der Verzagtheit, dass der Tod eines Menschen nicht das Ende ist, sondern zur Wende wird – hinein in Gottes Vollendung. – Wer leidet und wer trauert, der möge doch seinen Lebensanker in Gottes Grund hineinwerfen, sich selber festmachen lassen in dem, der festen und haltenden Grund ist zur Rettung. Solcher Glaube hat dann die Kraft, Wunden vernarben zu lassen und zu heilen, und ist die Bestärkung, den aufgetragenene Weg weiterzugehen im Geleit des Gottes, der sich als „Gott mit uns" erweist – gerade, wenn wir am Ende sind.

■ Hoffnung trägt weiter. Sie ist nicht ein oberflächlicher Optimismus, der sagt: Das Leben muss weitergehen; es wird sich schon wieder eine Tür öffnen! Die Hoffnung ist mehr. Ihre große Kraft kommt aus Glauben und aus Liebe. Die Hoffnung sieht weiter, über unseren derzeitigen Horizont hinaus. Sie ist die untrügliche Verheißung des Christus, der den Aufstand gegen den Tod gewagt und diesen gewonnen, der die Todesmauer durchbrochen und in sie einen befreienden Ausgang gebrochen hat.

Dem Verstorbenen gilt die Zusage: Nichts von ihm ist verloren, nicht sein Vertrauen auf Gott, nicht das Gute, das er getan. Gott, welcher ihn/sie ins Leben gerufen hat, will sein/ihr Leben vollenden in der Fülle seines Lebens. Die Leiden und Krankheiten, das Dasein mit seiner Beschwernis, sie sind vorbei. Gott selbst wird seinen Töchtern und Söhnen Barmherzigkeit und Begnadung schenken, die geweinten Tränen trocknen und sie erfahren lassen, wie er ist: Ein guter Vater aller Menschen! – Uns, den Zurückgebliebenen, will die Hoffnung sagen: Nach bestandener Pilgerschaft – und wie kurz ist die noch uns zugemessene Zeit! – wartet auch auf uns der liebende Gott, um auch uns heimzuholen ins Daheimsein bei ihm. Dort wird unser Heimweh überstanden sein, wir werden zum Frieden, zum Heil, zum Leben finden. Wenn wir aber immer beim Herrn sind, dann werden wir auch wieder bei denen sein dürfen, die schon vor uns endgültig im Herrn leben dürfen. Zu Gott und deshalb auch zu unseren Lieben hat uns die Hoffnung gebracht, unser inneres Ausgespanntsein, unsere Sehnsucht auf die ewige Glückseligkeit.

Erich Legler

1927 geboren. 1944 in den Krieg
eingezogen worden, Verwundung,
russische Gefangenschaft in Ausschwitz.
Schwere Erkrankung.

1948 Studium der Katholischen
Theologie in Tübingen. Zusatzstudium
in Pädagogik und Psychologie.

1953 Priesterweihe. Jugendkaplan und
Konviktsdirektor. Von 1972 bis 1996
Pfarrer und Dekan in Friedrichshafen.

Freier Mitarbeiter der Bistumszeitung
und im Kirchenfunk.

Veröffentlichungen: Bildbände,
liturgische und religionspädagogische
Bücher, Glaubens- und Lebenshilfen.